KB113018

거짓말에 대한 진실

거짓말에 대한 진실

마리-프랑스 시르 지음

강형식 옮김

철학과현실사

내 친구 조세트에게

거짓말은 네가 나와 함께 하지 않은 놀이.
내게 즐거움을 주기 위해서조차도.
네 모든 진실을 말하는 것은 좋은 것이야.
네게서 그것을 듣길 원해.

옮긴이의 글

선의든 악의든 한 번도 거짓말을 하지 않은 사람이 있을까? 상대의 거짓말에 당황해보지 않은 사람이 있을까? 각종 언론에서 폭포처럼 쏟아내는 정보의 홍수 속에서 얼마나 많은 부분이 거짓된 것일까? 광고에 나오는 달콤한 유혹은 진실일까?

우리는 매일 어느 정도의 거짓말과 함께 살아가고 있다. 거짓말이 전혀 없는 삶을 살아갈 수 없다면, 그것을 우리 안에 슬기롭게 받아들이는 것도 나쁘지 않을 것이다. 가까운 상대의 거짓말을 알게 되었을 때 당황하거나 낭패를 보는 일이 계속되는 것보다는 상대의 거짓말을 미리 알고 현명하게 대처하는 것이 더 좋을 것이다. 눈치 없이 사실을 떠벌려서 귀중한 사람의 마음을 상하게 하기보다는 상대를 배려하는 선의의 거짓말을 할 줄 아는 것도 좋을 것이다.

이 책은 거짓말에 관해 심리학적으로 분석하거나, 거짓말의 사회적 양상을 학술적으로 정리한 것이 아니다. 저자도 밝혔듯이 이 책의 목적은 우리 모두가 어느 정도 갖고 있는 거짓말하고 감추는 습관, 즉 생각과 감정을 숨기려는 경향을 분석하는 것이다. 또한 거짓말을 알아차리는 실천적 방법을 제시하고 있다.

저자는 우선 거짓말의 유형을 두 가지로 구분하고 각각에서 거짓말하게 되는 이유를 설명한다. 첫 번째 방어적 욕구에 의한 거짓말은 자신의 이익을 보호하기나 징벌을 피하기 위해 혹은 상대의 감수성에 상처를 주지 않기 위해 행해지는 것이다. 두 번째 돋보이려는 거짓말은 상대에게 자신의 인상을 강하게 심어주기 위해서, 상대의 연민을 불러일으키기 위해서 혹은 상대를 유혹하려고 하는 것이다. 저자는 각각의 경우 거짓말의 양상과 거짓말하는 이유 그리고 그 위험성을 분석한다.

이 책의 다음 부분은 거짓말을 탐지하는 요령을 다루고 있다. 우선 거짓말을 탐지하기 위한 준비과정과 월터스의 일곱 가지 규칙을 기본적인 도구로 제안한다. 규칙의 첫 번째는 항구성인데, 상대가 평소에 보이는 행동방식의 변화를 주의 깊게 살펴야 한다는 것이다. 또한 말과 행동의 변화를 어느 한 부분만 볼 것이 아니라 행동의 전체 모습 즉 행동의 다발을 고려해야 한다는 것도 규칙으로 제안한다. 그리고 행동변화의 지속성도 중요한 척도가 되고, 선입견을 배제해야 하는 것, 나의 행동에 의힌 상대의 변화를 고려하는 것, 나의 심리를 역-확인하는 것 등을 규칙으로 제안한다.

거짓말 탐지의 기본적인 출발은 말의 내용과 몸의 행동 사이의 비일관성을 알아내는 것이다. 즉 거짓으로 말하는 사람은 자신의 행동으로 그것이 거짓말이라고 드러내게 되며, 그것을 탐지하는 것이 거짓말을 알아차리는 방법이라는 것이다. 이 책에서는 말할 때 동반되는 행동을 신체, 얼굴, 음성, 언어 등 네 가지 커뮤니케이션 코드로 구분해서 살펴본다. 신체 코드는 손, 발, 어깨의 움직임 등을 말하고, 얼굴 코드는 머리 움직임, 코, 입, 표정 등을 말한다. 음성 코드는 목소리의 높낮이, 어조, 스타일 등이며, 언어 코드는 말 안에 숨겨진 행간을 읽는 것이다.

물론 각각의 커뮤니케이션 코드들은 분리해서 고려해서는 안 되고 행동의 다발을 생각해야 하며, 상대의 평소 모습 즉 항상성의 변화를 고려해야 한다.

저자는 이 책을 통해 거짓말을 탐지하고 상대의 숨겨진 감정을 이해하는 데에 도움을 주려 한다. 이를 통해 주변 사람들과 좀더 진실하고 정직한 관계를 유지할 수 있게 되기를 바란다.

물론 여기서 제안하고 있는 거짓말 탐지 요령은 모든 상황에 적용될 수 있는 정답이라기보다, 좀더 신중하고 적절하게 거짓말을 탐지할 수 있도록 도와주는 지침이 될 수 있을 것이다. 상대의 거짓말을 탐지하는 것은 자신을 보호하기 위해서 이기도 하지만, 주변 사람들

의 숨겨진 감정을 고려해서 그들과의 관계를 좀더 원활하고 진실하게
이끌어가기 위한 것이다.

　이 책은 마리-프랑스 시르(Marie-France Cyr)의 『거짓말에 대한
진실』(*La vérité sur le mensonge*, Les Éditions de l'homme,
2003)을 우리말로 옮긴 것이다.

2006. 1.
옮긴이

감사의 글

책을 쓰는 일은 아주 고독한 것이다. 그래서 이 책을 위해 의견을 말해준 사람들과 보낸 시간을 아주 소중하게 생각한다. 책을 쓰는 동안 같이 해준 사람들에게 감사한다. 나를 신뢰하고 이 책을 쓰도록 권유한 옴므 출판사(les Éditions de l'Homme) 편집자 피에르 부르동(Pierre Bourdon)에게 감사한다. 초고를 책으로 완성해준 팀원 모두에게 감사한다. 나의 가족, 진척, 친구, 학생늘, 이웃늘 모두에게 감사한다. 그들의 한마디 격려가 나의 삶에 변화를 주었다.

특별히 나의 아버지 기슬랭(Ghislain)과 오빠 다니엘(Daniel)이 변함없이 격려해준 것에 감사한다. 어머니 리스 나도(Lise Nadeau)에게도 감사를 표하고 싶다. 어머니 덕분에 베르 호수(lac Vert)에서 2002년 여름을 잘 보낼 수 있었다. 숲의 소리, 다람쥐, 너구리가 일상적으로 방문하는 것 이외에 다른 어떤 방해도 없이 이 책을 집필할 수 있었다. 내 의견을 듣고, 지지해주고, 귀중한 지적을 해준 좋은 친구들 미슐린 에몽(Micheline Émond), 조세트 브렝(Josette Brun), 조안 베르즈롱(Johanne Bergeron)에게 감사한다. 또한, 역시 저자인 내 친구 마리-루(Marie-Lou)의 거짓말에 관한 연구, 이 주제에 관해 내게 알려준 저자들의 인용문들 그리고 자신의 정열을 내게 전파해준 것에 특별히 감사한다. 나와 함께 활발한 토론을 벌이고, 훌륭한 참고문헌을 제공해준 루이 푸르니에(Louis Fournier)에게도 깊은 감사를 보낸다. 귀중한 도움을 준 다브 파레(Dave Paré), 미셸 볼뒤크(Michel Bolduc)에게도 흐뭇한 감사를 표한다. 나의 '코치' 디안 카르보노(Dian Carbonneau)에게도 감사한다. 벨벳 장갑 안에 숨겨진 그녀의 철의 손 덕분에 내가 적절한 기한 안에 초고를 완성할 수 있었다.

여기저기에서 전자우편으로 좋은 기원, 긍정적인 기운을 전해준 모든 사람들에게 감사한다. 니콜 그라통(Nicole Gratton), 카롤 나도

(Carole Nadeau), 알린 나도(Aline Nadeau), 엘렌 트람블레(Élaine Tremblay), 장 비앙치(Jean Bianchi), 조세 사부랭(Josée Sabourin), 상드라 인드송(Sandra Hindson), 프랑신 레스페랑스(Francine Lespérance), 콜레트 노르망도(Colette Normandeau), 에르베 가뇽(Hervé Gagnon), 그리고 특무상사 제랄드 카유엣(Gérald Cayouette), 거짓말을 다룬 영화를 제안한 디니엘 고뱅(Daniel Gauvin), 귀중한 도움을 준 비디오클럽 포스(Phos)의 이자벨 마르키(Isabelle Marquis)에게도 감사한다. 그리고 내게 거짓말을 해주어 이 주제에 대한 연구를 진척시키고 이 책의 내용을 채울 수 있게 해준 모든 이들에게 특별히 감사한다. 마지막으로 나의 조언자 사라와티(Sarawati)에게 감사의 기쁨을 은쟁반에 담아 보낸다.

서론

사람은 진실에 대해 차갑고 거짓에 대해 뜨겁다.

장 드 라퐁텐(JEAN DE LA FONTAINE)

이유는 모르지만 누군가가 당신에게 거짓말한다는 느낌을 가진 적이 있는가? 다른 이들이 당신에게 말하는 것을 믿을 수 있는지를 알고 싶은가? 당신에게 '사랑해'라고 말하는 사람이 진짜로 사랑을 느끼는지 아니면 거짓말하는지를 알고 싶은가? 한 사람과 가까워질수록 그가 우리에게 거짓말하는 것을 알게 되면 배신감을 더 느끼게 된다. 그런데 서로의 관계 속에서 우리들은 각각 자신의 좋은 이미지를 주려 하고, 점수를 따려 하고, 피해를 입지 않으려고 노력한다. 거짓말이 이 모든 것을 가능하게 한다. 현대 세계에서 우리는 더 이상 다른 이의 말을 전적으로 신뢰할 수 없다. 이전에는 대부분의 사람들이 던져진 말을 존중하던 시대가 있었다. 거짓말의 가장 나쁜 결과는 아마도 냉소주의가 만연하는 것일 것이다. 가족, 학교, 사업, 정치, 언론, 법원 등 우리 사회 어느 곳에도 퍼지지 않은 곳이 없다.

거짓말이 일상화되면서 우리의 모든 감각은 예민해져야만 한다. 면접시험 혹은 다른 상황에서 우리 사회에 처음 진입하려는 사람과 이야기할 때에도 그렇다. 허위 이력서, 가짜 학위증이 점점 퍼져가고 있다. 그런데 우리의 인간관계의 만족감은 주변사람들의 정직성에 대부분 달려 있다. 만약 우리를 둘러싼 사람들이 믿을 수도 없고, 정직하지도 않다면 우리 삶은 조만간 영향을 받을 것이다. 우리에게 접근해 오는 사람들과의 언어적, 비언어적 커뮤니케이션을 관찰하는 것으로부터 우리는 그들과의 관계를 시작하고 유지하는 결정을 내린다. 그것은 미래의 동반자, 피고용자, 고용자, 혹은 아이 보모를 고를 때에도 마찬가지다.

거짓말을 탐지하는 것은 마치 4중주에서 틀린 연주를 하는 음악가를 골라내는 것과 같다. 인간 커뮤니케이션에서 4중주는 각자의 말, 목소리, 얼굴, 몸으로 구성된다. 우리는 커뮤니케이션을 할 때 이 네 가지 구성요소를 사용한다. 거짓말하는 것은 우리가 진실을 표현할 때 하모니를 이루는 커뮤니케이션 시스템의 균형을 깨는 것이다. 넓은 의미에서 거짓말은 다른 사람을 속이기 위해 허위 정보를 전달하는 것뿐만 아니라 정보와 감정을 숨기는 것을 포함한다.

모두 거짓말을 한다. 약간, 많이 혹은 엄청나게. 보통의 성인은 하루에 두 번 거짓말한다. '거짓말쟁이'라는 호칭을 얻으려면 엄청나게 거짓말을 해야 한다! 우리는 모두 때때로 거짓말을 하지만 그렇다고 해서 만성적인 거짓말쟁이가 되는 것은 아니다. 마찬가지로 우리는 사기꾼은 아니지만 때때로 조작에 의존한다. 모든 것은 정도의 문제다. 완벽하게 정직하고 절대로 거짓말하지 않는다고 주장하는 사람은 자기 안에 살고 있는 거짓말쟁이와 접촉을 하지 않는 사람이다. 자신의 거짓말쟁이 측면을 다른 사람에게 투영하고 이로 인해 그의 삶에 반복적으로 거짓말쟁이들을 끌어들이는 것은 놀라운 일이 아니다.

이 책에서는 병적인 거짓말쟁이, 즉 그저 재미로 이유 없이 거짓말을 하거나 그를 도우려는 사람들에게조차 거짓말하는 사람들에 대해서는 다루지 않는다. 또한 거짓말쟁이의 성격을 철저히 분석하거나 거짓말의 유형을 분류하지도 않는다. 다른 책들이 그런 일을 대신한다. 『거짓말에 대한 진실』은 거짓말하고 감추는 습관 즉 생각과 감정을 숨기려는 경향, 우리 각자가 다양한 정도로 갖고 있는 성향을 다루려 한다. 이 책은 우리의 거짓말쟁이 측면을 이해하는 데 도움을 주려 한다. 즉 우리 주변사람들의 거짓말을 어떻게 알아내는지에 대해서다.

처음 두 장은 거짓말의 두 가지 유형과 우리가 거짓말하게 되는 이유에 대해 알아보겠다. 즉 방어 욕구에 의한 거짓말과 드러내 보이기 위한 거짓말 등 두 유형이다. 세 번째 장은 거짓말을 탐지하는 요령, 규칙과 방법을 다룬다. 다음 네 개의 장은 각각 인간 커뮤니케이션의 코드에 대한 것이다. 즉 몸의 코드, 얼굴 코드, 음성 코드, 언어 코드.

거짓말은 커뮤니케이션의 측면에서 비일관성을 생성한다. 단어가 비언어적 표현과 불일치한다. 거짓말 탐지는 커뮤니케이션 코드들 사이의 비일관성을 찾아내는 것이다. 능숙한 거짓말쟁이들은 그들의 거짓말을 정말로 믿는 사람들이다. 그들의 몸은 말과 조화를 이루기 때문에, 그들 견해의 논리를 살피고 그들의 주장을 점검함으로써 거짓말을 밝혀낼 수 있다. 다른 이의 메시지의 비일관성을 찾아내는 것은 불신과 불화의 씨를 뿌리기 위해서가 아니라 서로간의 커뮤니케이션을 좀더 원활하게 하려는 목적으로 수행될 수 있다. 사람들이 자신에게 거짓말하거나 혹은 조화와 일관성이 결여된 것을 의식하지 못하고 있을 때, 우리는 그들이 우리에게 거짓말한다고 비난할 수 없다. 우리 모두는 우리 자신과 어느 정도 모순된다는 사실을 고려하지 않더라도.

『거짓말에 대한 진실』은 거짓말을 탐지하고 다른 이의 숨겨진 양면적 감정을 알아내는 데에 도움이 될 것이다. 이 지식은 당신을 속이려는 사람들로부터 당신을 보호할 뿐만 아니라 자신의 진실을 표현하지 못하는 주변사람들에게 손을 내밀어 그들이 신뢰를 느끼고 진실로 느끼는 것을 말하도록 해줄 수 있을 것이다. 그 결과 우리 관계를 새롭게 하고, 깊이있게 하며, 정직성과 진실성에 좀더 많은 기반을 두게 하는 것이다. 이것이 우리가 바라는 것이다. 진심으로!

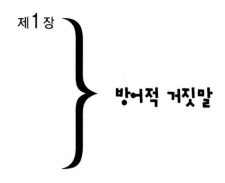

제1장

방어적 거짓말

나는 거짓말이 사회적 조화를 이루는 데 필요악이라고 생각한다.
그러나 덕성은 진실과 정직에 진정으로 존재한다.

장 제르베(JEAN GERVAIS)

당신은 형편없는 식사를 맛있었다고 하거나, 여자 친구의 괴상한 드레스를 멋있다고 하거나 혹은 방금 전에 다른 자선단체에 기부를 했다고 꾸며댄 기억이 있는가? 우리 모두는 자신을 방어하거나 다른 이를 방어하기 위해 어느 정도 거짓말을 한다. 우리는 너그럽고 친절하게 보이기 위해 거짓말한다. 주변사람들을 슬프게 하지 않으려고 거짓말한다. 진실이 상처를 준다고 믿기 때문이다. 사실 몇몇 진실은 가혹한 것이고, 많은 거짓말이 비공격적이고 예절이 되기까지도 한다.

방어를 위한 거짓말은 유일하게 사회적으로 받아들여지는 거짓말이다. 방어를 위해 거짓말하는 능력은 사회적으로 가치를 인정받기도 한다. 개인이 성공하고, 사회의 계단을 오르도록 해주는 사회적 능력의 일부인 것이다. 함구에 의한 거짓말, 선의의 작은 거짓말은 사회생활을 부드럽게 하고, 많은 갈등을 줄일 수 있다.

이런 거짓말들은 우리와 우리 주변사람들의 개인적 이익을 보호한다. 또한 벌을 안 받기 위해, 우리 자신의 이미지 혹은 다른 이의 감수성을 보호하기 위해 거짓말하기도 한다. 방어를 위한 거짓말은 그 이유와 기능이 있으며 그 중에는 사회적 적응 기능이 있다. 그러나 우리가 합당한 한계를 넘어설 경우 어떤 위험이 있을까? 비록 거짓말이 어떤 사회적 응집력을 보장한다고 해도, 다른 이에게 피해를 입히면 해로운 것이 된다.

주제의 핵심에 들어가기 전에 다음의 테스트는 당신이 당신과 다른 사람들을 보호하기 위해 거짓말할 수 있는지 알아보는 것이다.

테스트 : 방어를 위한 거짓말을 할 수 있습니까?

각각의 질문에 대해 질문의 번호를 적고 다음의 상황에서 당신이 반응할 방법에 가장 근접한 대답의 번호를 쓰시오.

1. 자명종이 울리도록 맞춰 놓는 것을 깜빡 잊고 직장에 한 시간 늦게 도착했다.
   a) 자명종 시계가 고장 나서 작동되지 않았다고 둘러댄다.
   b) 길거리에서 한 여인이 기절해서 도와주었다고 사장에게 말한다.
   c) 잊은 것을 인정하고, 같은 일이 반복되지 않길 바란다.

2. 직장에서 돌아왔을 때, 그날이 당신의 배우자 혹은 아이의 생일이란 사실을 갑자기 기억하게 되었나.

a) 직장 동료가 오늘 생일이었는데 선물을 자기 줄 것으로 생각해서 그냥 주고 왔다고 말한다.

b) 선물을 자동차 안에 두었는데 도둑 맞았다고 말한다.

c) 잊은 사실을 털어놓고, 배우자나 아이를 좋아하는 식당에 데리고 가서 사과한다.

3. 일이 끝난 후 레포츠 센터에 등록하기 위해 줄을 서고 있다. 그런데 실직 자에게는 등록비를 25% 할인해준다는 사실을 알게 되었다.

a) 현재 실업급여를 받고 있는데, 그것을 증명하는 서류를 갖고 있지 않다 고 말한다.

b) 현재 직업이 없다고 단호하게 말한다.

c) 그냥 전액을 지불한다, 일을 하고 있으므로.

4. 당신의 부인, 여동생 혹은 여자 친구가 최근에 체중이 늘었는데, 자기 가 새로 산 바지가 더 뚱뚱해 보이게 하는지를 당신에게 묻는다. 당신 은 그렇다고 생각하지만,

a) "천만에, 아주 잘 어울리는 걸" 하고 안심시킨다.

b) 요즘 시력이 나빠져서 다른 안경을 사야겠다고 말하고, 다른 사람의 의 견을 묻도록 권한다.

c) "그렇긴 해, 그렇지만 약간 통통한 것도 예뻐" 하고 감탄한다.

5. 차 운전 중에 노란 불에서 빨간 불로 바뀌려는 순간 지나갔다. 교통순경 이 당신을 세웠다. 그에게 다음과 같이 말한다.

a) 신호등이 큰 나무에 가려서 보질 못했어요. 위험하니까 시청에서는 나

무를 잘라야 할 것 같은데요.

b) 나는 시장의 조카입니다. 제게 딱지를 떼겠어요? 다음부터는 조심하죠.

c) 죄송합니다. 너무 늦게 봐서 차를 세우지 못했군요.

6. 친구 집에 초대를 받았는데, 아주 '독창적'인 메뉴를 선보였다. 상추 위
   에 수레국화를 곁들인 새우요리.

a) 그 보랏빛 감도는 새우를 억지로 먹어치우면서 딴 생각을 한다. 그리고
   아주 맛있다고 둘러댄다.

b) '불행하게도' 해산물 알레르기가 있다고 밝힌다.

c) 이러한 조합이 신기하고, 독창적이라고 말한다.

7. 여행지에서 마음에 드는 보석을 사려고 하는데, 상인이 값을 깎아주질
   않는다.

a) 사고 싶은 가격만큼 돈을 내밀고, 가진 돈 전부라고 속인다.

b) 은밀한 태도로 슬쩍 말한다. "근데 말이죠 맞은편 가게에서는 더 싸게
   불렀거든요. 그런데 당신이 더 친절한 것 같아서 이곳에서 사고 싶은데
   어찌죠."

c) 당신에겐 너무 비싸다고 털어놓는다.

8. 장식품 가게에 아이를 데리고 들어갔는데, 아이가 유리로 만든 종을 스
   치고 지나간다. 판매원이 그것에 손대지 말라고 말했고, 당신은 아이가
   그런 것을 망가트린 적이 한 번도 없다고 말한다. 판매원이 다른 손님과
   이야기하는 동안 아이는 마치 일부러 그런 것처럼 장식품의 머리 부분
   을 깨트린다.

a) 아이를 조용히 나무라고 장식품을 보자기 아래에 숨긴다.

b) 마치 아무것도 보지 못한 것처럼 아이의 손을 잡고 판매원에게 인사하며 밖으로 나간다.

c) 당황한 기색으로 장식품을 들고 판매원에게 가서 아이가 상점에서 물건을 깬 것이 처음이라고 말한다.

9. 계산대에서 점원이 잔돈을 더 많이 거슬러준 것 같은 느낌이 들었다.

a) 잘 맞게 주었겠지라고 생각하면서 그 자리에서 다시 세어보지 않는다.

b) 잔돈을 얼른 주머니에 넣고 실제로 잘못 계산했기를 바란다.

c) 잔돈을 다시 세어보고, 나머지를 돌려준다.

10. 일 때문에 걱정을 하고 있는데, 애인이 성관계를 요구했고 이에 응했다. 완전히 긴장을 풀고 걱정거리를 벗어나질 못했다. 성적 즐거움은 맛보았지만 오르가즘에 도달하진 못했다. 애인이 즐거웠냐고 묻는다. 당신의 대답은?

a) "정말 기분 좋아"라고 말하고, 그것이 '그래'라고 대답한 것이라고 애인이 믿어주길 바란다.

b) "그래, 끝내주는데!"

c) "아니, 일 때문에 근심을 떨쳐버리지 못했어."

결과

홀수 질문(1, 3, 5, 7, 9)과 짝수 질문(2, 4, 6, 8, 10)의 A, B, C 숫자를 센다. 홀수 질문은 당신 자신을 방어하는 것과 관련되고, 짝수 질문은 다른 사람을 방어하는 것과 관련된다.

홀수 질문

대부분 A : 당신은 당신의 이익이나 명성을 보호하려고 거짓말을 할 줄 안다. 당신은 공손하며, 당신의 작은 거짓말들은 어느 정도는 진실에 근거한다.

대부분 B : 당신을 보호하기 위해 거짓말을 할 줄 안다. 그렇지만 과장되게 거짓말을 하며, 따라서 당신을 믿지 않을 수도 있다. 당신이 너무 자주 환상에 빠진다면 당신의 거짓말은 당신에게 되돌아올 위험이 있다.

대부분 C : 당신은 정직하고 공정하다. 당신 자신에게 거짓말을 하는 것이 아니라면! 다른 사람들의 의견에 너무 신경 쓸 필요가 없다. 그렇지만 정직한 사람이라는 당신의 명성에 너무 외곬으로 매달리거나, 거짓말쟁이를 너무 가혹하게 판단하지는 않는지 주의해야 한다.

짝수 질문

대부분 A : 당신은 주변사람들의 이익이나 자존심을 보호하기 위해 재치 있게 거짓말할 줄 안다. 당신은 예절 규칙을 알고, 상처를 주는 진실보다는 인정 있는 작은 거짓말을 더 좋아한다.

대부분 B : 다른 사람을 보호하기 위해 거짓말하지만, 당신의 인간관계 속에서 완벽성이 결여되었다. 너무 과한 것이 아닌가? 차라리 거의 안 하는 것이 더 낫다.

대부분 C : 당신 주변인을 보호하기 위한 거짓말을 하지 않는다. 거짓말을 할 줄 몰라서 혹은 다른 이의 자아를 보호하는 것보다는 청렴성, 정직성을 우위에 두기 때문에. 그렇지만 당신이 진실을 말할 때 너무 노골적이 되지 않도록 주의하기 바란다.

이익의 보호

거짓말하는 사람 자신 혹은 그 주변인들의 이익을 보호한다는 유일한 하나의 목적 때문에 매일같이 수많은 거짓말이 생겨난다. 가장 명예로운 경우가 어떤 사람의 목숨을 보호하기 위해 거짓말하는 것이다. 제2차 세계대전 당시 게슈타포는 유태인들을 숨겨준 사람들에게서 수많은 경건한 거짓말을 들었다. 키에슬로브스키 감독의 십계명 시리즈 중 여덟 번째 영화인 『너는 거짓말하지 못할 거야(Tu ne mentiras point)』[1]에서는 한 여자 유태인의 이야기를 다루고 있는데, 1943년 그의 나이 여섯 살 때 한 교수가 거짓말하는 것을 피하기 위해 그를 숨겨주지 않았다고 잘못 생각해 왔다. 가톨릭 신자에게 거짓말하지 않는 것은 신의 계율이다. 한 아이를 구하기 위해 거짓말을 하느냐 혹은 진실을 말하고 그의 죽음에 공모를 하느냐. 바로 이것이 영화가 던지는 철학적 질문이다.

리자 스코톨린의 소설 『진실의 순간』에서는 한 변호사가 딸을 보호하기 위해 자신이 부인을 살해한 범인이라고 자백한다. 그는 부인을 죽인 것이 바로 딸이라고 믿었기 때문이다. 이 사건은 미국에서 벌어졌으므로 그는 사형을 무릅쓴 것이다. 그의 거짓말로 인해 그는 딸의 목숨을 보호하기 위해 자신의 자유를 희생하고 자기 삶까지도 희생할 수도 있는 것이다.

개인적 이익

생명을 보호하는 것보다는 덜 고상한 동기로 거짓말을 하는 경우가 있다. 예를 들어 개인적인 이익을 위한 것이다. 돈을 더 벌기 위해, 일자리를 얻기 위해, 정치적 자본을 마련하기 위해 등등. 우리가 이미 갖고 있는 것 ― 인맥, 재화, 돈 등 ― 을 잃지 않기 위해 우리는 거짓말한다. 우리는 종종 이익에 눈이 어두워 혹은 우대나 특권을 얻기 위해 거짓말한다. 예를 들어 퀘벡의 건강 시스템에 관한 글에서 한 여기자는 서비스를 빨리 받기 위해서 거짓말을 하도록 권유한다. "거짓말하세요! 의사가 보냈다고 하세요(특히 과거에 한두 번 만났던 의사). 일처리를 빨리 할 수 있습니다. 의사의 처방을 첨부할 것이라고 말하세요."[2] 그녀는 우리 마음속에 있는 개인적 이익 즉 건강을 보호하기 위해 거짓말하도록 우리를 부추긴다. 개인적 이익을 보호하는 것은 모든 영역에 관련된다. 직업적 활동뿐만 아니라 사생활까지도.

연구에 따르면 우리는 주변사람들, 우리의 가치와 문화를 공유하는 사람들보나는 외국인들에게 더 많은 거짓말을 한다. 우리는 거짓말할 기회가 주어졌을 때 그리고 탄로 날 위험이 별로 없을 때 거짓말을 더 많이 한다. 영화 『내가 거짓말한 진실』에서 주인공 에디는 두 사람에게 얻어맞는다. 한 유태인이 그도 역시 유태인이라고 생각해서 그를 구해주었다. 그의 옆에서 다비드의 별이 새겨진 목걸이를 발견했기 때문이었다. 그런데 그 목걸이는 그를 공격한 사람의 것이었다. 에디는 갖고 있던 것을 모두 도둑 맞았고 직장을 잃었다고 자신을 구해준 사람에게 고백했다. 회사의 사장인 이 사람은 그를 채용했다. 그에게 목걸이를 돌려주면서 유태인들은 서로 돕는다는 것을 이해시켰다. 에디는 사실을 밝히지 않고 함구에 의한 거짓말을 했다. 목걸이가 자신의 것인 것처럼 행동했다. 거짓말로 이득을 챙긴 셈인데, 왜냐하면 그는 생활비를 벌기 위해 직장이 필요했기 때문이었다. 이때부터 그는 돈을 더 많이 벌고 새 친구들과 친분을 유지하기 위해 거짓말의 악순환에 빠지게 된다. 시간이 흘러 그가 사장이 되었을 때 그는 사실을 밝히고 거짓말을 하지 않게 된다. 그는 자신의 재정적 이익을 보호하기 위해 진실을 팔 필요가 더 이상 없었기 때문이다.

다른 사람의 이익

자기 자신의 이익을 보존하기 위해 거짓말을 안 하는 많은 사람들이 주변사람들의 이익을 보호하기 위해서는 그렇게 한다. 우리는 이미 우리 주변사람들의 재정적, 교육적, 직업적 이익에 해가 되는 것을 피하기 위해 거짓말한 경우가 있다. 퀘벡 대학 심리교육학과 교수인 장 제르베는 특히 어린이들의 거짓말에 대해 깊이 연구했다. 그는 거짓말쟁이들 — 우리도 모두 포함되는 — 을 성격에 따라 두 부류로 나누었다. 첫째 부류의 사람들은 즐거움을 찾아다니고 다른 이들의 칭찬을 비웃는다. 이들은 거짓말에 대한 죄의식을 느끼지 않는다. 이들은 물건들을 제 것으로 하고 더 많은 돈을 벌고 다른 이들에 대한 권력을 얻기 위해 거짓말한다. 나는 그들의 거짓말이 그들의 개인적인 이익을 보호하는 데에 사용된다고 생각한다.

둘째 부류의 사람들은 고통으로부터 피하길 원하고, 자신과 다른 이들이 고통받는 것을 피하기 위해 거짓말에 의존한다. 그들은 즐거움을 주고 사랑받기 위해, 버림받는 것에서 자신을 보호하기 위해 거짓말한다. 내 생각에는 이런 유형의 거짓말쟁이들은 자신의 이미지나 다른 이의 이익을 위해 거짓말을 할 가능성이 더 높다. 그들은 늦게 일어난 자신의 아이가 아르바이트 자리를 잃거나 혹은 공부를 안 해서 시험에 실패하지 않도록 거짓말을 할 수 있다. 그런데 책임감을 대신 떠맡는 것은 우리 아이들이 책임감을 갖도록 돕는 것이 아니다.

국가적 차원에서 성병이나 원하지 않는 임신으로부터 청소년들을 보호하려는 우리의 요구는 그만큼의 거짓과 과장을 필요로 한다. 미국에서 성교육은 캘리포니아를 제외한 대부분의 주에서 금욕을 권장하는 것에 기초한다. 여기자 주디트 르빈은 성 문제에서 아이들을 보호하는 것과 관련된 위험에 관한 논쟁적인 책[4]을 집필했다. 그녀는 결혼 외 섹스가 위험하다고 주장하면서 아이들에게 거짓말하고 있다고 주저 없이 말한다. 사실 성 문제에서 거짓말하거나 죄의식을 불러일으키는 것보다는 책임감을 갖도록 하는 것이 더 좋을지도 모른다.

좀더 작은 차원에서 보면 다른 이를 보호하기 위해 전화로 거짓말하는 경우가 있다. 우리는 배우자가 정원일을 하는 동안 방해를 받고 싶어하지 않기 때문에 지금 집에 없다고 말한다. 생각하고 쉴 시간이 필요한 사장들을 보호하기 위해 많은 비서들이 거짓말한다. 전해야 할 중요한 정보를 가진 통화자의 감정을 해칠 위험을 감수하면서도 그녀는 사장이 회의 중이라고 말할 것이다. 우리 각자가 한도를 지킬 수 있고 자신의 시간적 필요를 존중하도록 할 수 있다면 이런 종류의 거짓말은 더 이상 필요하지 않은 것이다. 우리가 방해받지 않고 어떤 행동에 몰두하거나 쉬는 권리를 인정한다면 다른 이의 반응이나 조작을 걱정하지 않고 진실을 말하는 것이 더 쉬워질 것이다. 아직 너무 많은 사람들이 그렇게 행동하는 것이 이기주의적이라고 생각한다. 특히 어머니들. 그러나 당신 자신의 욕구에 귀를 기울이지 않으면서 어떻게 주변 사람들의 욕구를 들을 수 있겠는가? 속담이 잘 말해주고 있다. "순서에 맞는 자비는 자신을 돌보는 것으로 시작된다."

모성적 기질 ― 혹은 여자들이 그들의 아이들을 보호하게 하는 사회화 — 은 많은 어머니가 자식의 이익을 보호하기 위해 거짓 말하도록 부추긴다. 다음의 예에서 한 어머니는 자기 아이들의 아버지들이 아버지가 아니라고 믿게 하기 위해 거짓말을 하기까 지 한다. 거짓말의 의미를 더 잘 이해하기 위해 상황 속으로 들어 가볼 필요가 있다.

보호를 위한 거짓말의 사례

레온은 완벽주의자이고 지배적인 아버지 밑에서 자랐다. 아버지 는 딸의 개인 소지품을 뒤지곤 했고, 그가 정한 규칙을 딸이 조금 이라도 위반하면 계속 야단쳤다. 그는 딸이 14살 때까지 거의 매 일 얼굴과 몸을 구타했다. 15살 때 레온은 같은 반 학생인 카랭의 아이를 가지게 되었다. 그녀는 그와 헤어졌고, 임신한 사실이 겉 으로 보일 때까지 누구에게도 이야기하지 않았다. 그녀의 아들이 열 달이 되었을 때 레온은 자동차로 지나가는 카랭을 다시 만났 다. 그는 레온과 아기를 차에 태워주었다. 자신의 아들을 보면서 카랭은 레온에게 말했다. "나를 닮았군. 내가 애 아빠야?" 레온은 눈썹 하나 까딱하지 않고 그를 쳐다보면서 대꾸했다. "아니." 침착 하고 단호한 부정이었다. 그러고 나서 태워줘서 고맙다고 인사한 후 차에서 내렸다. 그 후로 다시 그를 보지 않았다. 친구들이 아이 아빠에게 거짓말한 이유를 물었을 때 그녀는 그가 자신의 삶에 들 어오는 것을 원하지 않았다고 말했다. 무엇보다도 그녀가 피하고 싶었던 것은 카랭이 자신의 아버지처럼 폭력적이 되어 아들을 때 리는 것이었다. 2년 뒤에 레온은 한 40대 남자의 아이를 갖게 되 었다. 다시 한 번 그녀는 그가 딸 자생트의 아버지란 사실을 숨겼다. 그녀는 8년 뒤 그의 50세 생일에 초대를 받았다. 갑자기 그녀는 그에게 사실을 말하고 싶은 욕구를 느꼈다. 그런데 그가 만취 상태인 것을 보게 되었고, 또다시 그녀는 그를 자신의 삶에 들어오게 하면 폭력에 직면하게 될까 두려웠다. 그래서 그녀는 계속 진실을 함구하기로 했다. 그녀는 자식을 보호하기 위해 아이들의 아버지들에게 침묵으로 혹은 직접적으로 거짓말을 한 것이다. 이 것이 보호를 위한 거짓말이다. 레온의 경우 남성 폭력의 두려움이 아이를 낳은 사실을 남자들에게 알리려는 의도보다 큰 것이다.

벌을 피하기

모든 아이들은 벌을 피하기 위해 언젠가는 거짓말을 한다. 징벌을 피하기 위한 거짓말은 어른들에게도 존재한다. 그러나 어른들의 경우 거짓말하는 주된 이유는 아니다. 반대로 말을 배우기 전부터도 아이들에겐 벌을 피하는 것이 거짓말의 첫째 동기이다.

어린 아이들은 엄마의 손가방을 갖고 놀다 엄마가 방으로 들어오면 자기 방식대로 거짓말한다. 아이가 물건을 부쉈을 때 그것은 항상 형, 누나, 혹은 고양이의 짓이다. 아이는 말을 안 듣거나 나쁜 아이라고 손가락질 당하지 않기 위해 거짓말한다. 계속 사랑을 받기 위해 거짓말한다. 그가 좋아하는 사람들이 자신을 받아주길 갈망해서 거짓말한다. 그의 실수를 우리가 받아들여주지 않으면, 아이들이 실수를 숨기도록 종용하는 것이다. 아이는 그것을 숨겨야 할 결함으로 생각하는 것이다. 실수를 드러내 보이지 않으려고 거짓말하고 벌을 면하게 된다.

여러 연구 결과를 보면 많은 아이들이 어린 나이일 때는 벌이 두려워서 거짓말하는 것을 스스로 금지한다. 점점 커가면서 이 두려움은 정직해야 할 필요성에 대한 믿음으로 대체된다. 일반적으로 가족 내에서의 거짓말은 아이의 나이가 많아지면서 줄어든다. 그렇지 않다면 그것은 사회적, 가족적 적응의 문제를 나타내는 신호가 될 수 있다. 아이가 거짓말쟁이들에 더 많이 둘러싸여 있을수록 거짓말을 더 하게 되고, 거짓말 솜씨와 다른 이들의 거짓말을 알아채는 솜씨가 증가될 가능성이 있다. 아이들이 거짓말하도록 부추기는 것은 무엇일까? 자신의 거짓말 솜씨에 대한 자신의 평가, 보상의 기대, 속이는 것을 다른 사람들이 탐지하기 어려워하거나 혹은 그런 능력이 없다고 지각하는 것 등이다. 성인들조차도 눈치 빠른 사람에게 거짓말하려면 한 번 더 망설이기 마련이다.

정직성을 가르치기 위해서는 부모의 역할이 가장 중요하다. 연구에 따르면 부모의 부정직성은 아이의 부정직성의 훌륭한 지표다. 불행하게도 부모의 정직성은 아이의 정직성을 보장하지 않는다. 아이들은 또래의 거짓말에도 자극을 받는다. 더구나 부모가 정한 규칙을 어길 때마다 벌을 주는 너무 가혹한 부모 밑에서 자란 아이는 권위를 두려워하고 벌을 피하기 위해 거짓말하는 성인이 될 위험이 있다. 이런 경우 아이들은 자신의 현재 모습과 너무 까다로운 부모가 원하는 모습 사이의 간극을 메우기 위해 거짓말한다. 속박하는 부모들은, 그렇게 원한 것은 아니지만, 효율적인 속임수가 바라는 것을 얻을 수 있는 훌륭한 방법이란 것을 가르

치고 있는 것이다. 아이들 간에 밀고를 부추기는 부모는 거짓말을 부추길 수 있고 결과적으로 아이들을 서로 결속하게 만든다.

부모의 책임만큼 무거운 것이 있을까! 부모는 일시적인 거짓말과 체계적인 거짓말을 구분할 수 있어야 하고, 두 경우를 같은 방식으로 다스려서는 안 된다. 아이가 잘못을 고백했는데도 벌이 가벼워지지 않는다면 그가 계속 거짓말하는 것은 이해가 되는 것이다. 거짓말이 사람들 사이의 신뢰를 해친다고 아이에게 설명하는 부모는 엄격하고 체계적으로 벌을 주는 부모보다 성공할 확률이 높다. 각자가 다른 사람들을 지속적으로 의심한다면 가정과 사회 생활은 너무 불쾌할 것이다. 장 제르베는 아이들이 거짓말에 의존하지 않도록 할 수 있는 세 가지 요소를 조사했다. 즉 1) 문제 해결을 용이하게 해주는 부모의 태도, 2) 해법의 타협, 3) 부모의 관점과 다른 것을 표현할 수 있는 가능성. 이런 상황에서라면 아이는 솔직하게 말하고 거짓말을 습관적으로 멀리하게 될 것이다.

정직성과 책임의식을 가르치는 것은 아이 때부터 이루어진다. 우리 행동의 결과를 수용하고, 실수로부터 교훈을 얻으면서 우리는 성장하고 책임의식을 갖게 되는 것이다. 벌을 줄지 안 줄지를 결정하는 어른들의 협의는 아이에게 혼돈을 심어주지 않기 위해 매우 중요하다. 다음의 개인적인 예가 그것을 잘 보여준다.

개인적 경우, 칭찬받은 뒤 벌을 받은 고백

내가 여덟 살 때 오빠 노르망, 사촌 프랑수와와 함께 손님들을 위해 준비한 초콜릿을 잔뜩 먹은 적이 있었다. 마졸렌 아줌마가 우리를 돌보고 있었는데, 초콜릿을 먹어치운 범인으로 우리를 의심하고 있었다. 노르망과 프랑수와는 거짓말을 했는데, 나는 나의 나쁜 짓을 털어놓았다. 아줌마는 손바닥을 때리게 내밀라고 명령했다. 나는 그렇게 했다. 아줌마는 내가 순순히 응한 것을 보상하기 위해 나를 때리지 않았다. 반면에 남자 아이들은 거짓말한 것 때문에 벌을 받았다. 사실 아이들은 단지 벌을 피하고 싶었던 것인데. 마졸렌은 덧붙였다. "털어놓은 잘못은 반은 용서받은 것이라고 할머니가 말씀하셨어." 저녁 때 아버지는 우리가 저지른 또 다른 잘못을 갖고 우리를 야단치셨다. 나는 벌을 피할 수 있을 것이라는 기대와 함께 손을 내밀었다. "너 뺨 맞고 싶니? 다음에는 그렇게 해줄게"라고 말하면서 아버지는 내 손바닥을 때렸다. 오빠는 내게 손가락질하면서 나를 비웃었다. 나는 어른들을 이해할 수 없다고 혼자 말했다. 나는 진실을 말했다고 칭찬을 받은 뒤에 같은 이유로 벌을 받았다. 아버지는 고백한다고 벌을 면하는 것은 아니라는 설명을 덧붙였다. 살인자가 범행을 고백했어도 감옥에 가는 것을 피할 순 없다고. 일리 있는 말씀! 바로 그런 이유로 우리 같은 아이들이 사소한 잘못을 모두 고백하지 않는 것이야…

자신의 이미지 보호하기

심리학자 칼 융(Carl G. Jung) 덕분에 '페르소나(persona)'라는 용어를 이해하게 되었다. "융 이래로 '페르소나'라는 용어가 구체적으로 의미하는 것은 자신 주변의 사회적, 도덕적, 교육적

규범에 맞추기 위해 발휘된 적응 노력의 결과로 만들어진 사회적 자아이다."[5]

각자가 보여주는 사회적 가면이 다른 사람들과의 관계를 조화롭게 하는 것이다. 그렇지만 이것이 실현되려면 자기 개성의 독창성이나 전체모습은 사라진다. 가장 덜 고상한 부분은 어둠 속으로 쫓겨나기 때문이다. 각자는 결국 사회적으로 낮은 평가를 받는 것보다는 관용, 인내, 지성 등 자신이 동화되려는 몇몇 성격적 특성에 더 얽매이게 된다.

우리는 우리를 정의해준다고 믿고 있는 특성에 많은 집착을 보인다. 자신의 이미지를 좋게 하려는 근심은 많은 거짓말을 설명해준다. 너그럽게 보이고 싶은 여자는 자선단체 기부금액을 거짓말할 수 있다. 순종적으로 보이려는 아이는 자신의 반항을 고백하기보다 거짓말할 것이다. 스스로 교양 있다고 생각하는 남자는 어떤 사건에 관한 자신의 지식을 속이거나 혹은 한 권도 들춰보지 않은 작가의 글을 읽은 것처럼 행세할 수도 있다. 우리가 실수해도 바보로 보일 걱정이 없다면 우리는 체면을 세우기 위해 거짓말하는 경우가 줄어들 것이다.

우리는 또한 다른 이들의 이미지를 보호하기 위해, '체면이 깎이는 것'을 피하기 위해 종종 거짓말한다. 그렇지만 누군가가 가면을 벗고 자신의 진정한 모습을 내보인다면, 상대를 안심시키는 것이다. 왜냐하면 다른 이들에게 그들도 약점과 두려움이 있다는 것을 인식하도록 하기 때문이다. '페르소나'는 우리가 모르거나 거의 알지 못하는 사람들 앞의 대중적인 자리에서 우리의 사생활과 허약함을 보호하는 데 사용될 수 있다. 그러나 친밀한 관계에서까지도 가면을 계속 쓰고 있는 것은 비극적이다. 바로 조제의 경우가 여기에 해당된다.

자신의 이미지를 보호하기 위한 거짓말

좀더 먼 옛날을 회상할 때마다, 조제는 자연히 거짓말을 떠올리게 된다. 청소년기에 그녀는 부모가 없을 때 남자 친구를 집으로 불렀다. 어머니가 집에 돌아왔을 때 집이 잘 치워져 있어서 무언가 의심을 하긴 했지만, 조제는 거짓말하곤 했다. 그녀는 순수하고 순진한 소녀의 이미지를 유지하고 싶었기 때문이었다. 부모가 자신을 방탕한 아이로 판단하는 것이 두려웠다. 결혼을 한 뒤에도 그녀는 같은 이유로 남편에게 거짓말했다. 그녀가 첫째 아이를 임신했을 때 남편이 체중을 문제 삼아 불쾌한 잔소리로 헐뜯기 시작했다. 사실 임신 당뇨가 시작되었던 것인데, 그래서 설탕 소비를 줄여야만 했다. 이 이유로 남편은 그녀를 계속 감시했던 것이다. 조제는 질식할 것 같았다. 남편이 직장에 출근하자마자 그녀는 "자신의 흥분을 먹는다"라고 고백했다. 식사 때 그녀는 거의 안 먹고 식욕이 떨어진 체했다. 남편은 그녀가 거짓말한다고 의심했는데, 그녀의 혈당치가 계속 오르고 있었기 때문이었다. 어느 날 남편은 그녀의 속임수를 알게 되었다. 엄청난 양의 초콜릿과 사탕을 가방에서 발견한 것이다. 그는 화가 치밀었다. 조제는 의지도 없고 자존심도 없는 사람으로 남편에게 비칠 것이 두려워 거짓말을 한 것이다. 남편이 자신을 경멸할까봐 두려웠던 것이다. 그녀의 거짓말은 자신의 이미지를 보호하게 해주었다. 남편이 '뚱뚱하다'고 손가락질할 때, 그녀는 자신이 추하고 달갑지 않게 느껴졌다. 그녀의 개인적인 존중감은 많이 깎아내려졌다. 그녀는 또 다른 이유로 남편에게 거짓말했다. 재정적인 불안정, 버림받을지도 모른다는 두려움이 그것이었다. 출산 직전에도 자신이 필요한 것을 조달하기 위해서는 남편에게 의존해야만 했다. 얼마 뒤에 그들은 헤어졌다. 혼자라고 느낀 나머지 그녀는 아직 자신이 호감이 있는 사람이라고 느낄 필요가 있었다. 그녀에 따르면 다른 사람들과의 대화가 자신의 존중감을 되찾는 데 도움이 되었다는 것이다. 그렇지만 대가가 커졌다. 그녀는 자신의 재정적 문제의 원인에 대해 거짓말하며 부모, 친구들에게 돈을 빌려야만 했다. 또다시 그녀는 비판을 받고 사랑을 덜 받는 것에 대한 두려움을 갖게 되었다. 비밀이 들통 났을 때 주변사람들은 그녀의 거짓말에 대해 큰 충격을 받았다. 그녀는 그들을 이해하지만 그래도 자신을 보호하기 위해 그리고 자신을 사랑하는 사람들을 실망시키고 결국 그들로부터 버려질 것이라는 두려움 때문에 거짓말을 계속했다. 조제는 병들고 말았다. 수많은 거짓말 때문에 엄청난 긴장이 그녀에게 유발되었던 것이다. 그녀의 몸과 정신은 지속적인 스트레스를 견디지 못한 것이다. 그녀는 이 책을 위해 우리와 인터뷰할 때까지도 병원에 입원 중이었다.

다른 이의 감수성 보호하기

재치 있게 사용된다면, 다른 사람의 감수성을 보호하려는 목적으로 하는 거짓말은, 특히 함구에 의한 거짓말인 경우, 사회적 관계를 개선하게 해준다. 불도저처럼 다른 이들의 안으로 '들어갈'

필요가 있는가? 우리는 때때로 진실을 핑계로 난폭해진다. 인간의 마음이 연약하다는 사실을 종종 잊는 것이다. 우리 감정을 표현하지 않는 것과 거짓말하는 것 사이에는 항상 정도의 차이가 존재한다. 다른 이의 감수성을 보호하기 위해서 거짓말하는 몇몇 사람들은 '선의의 거짓말'을 한다고 말한다. 아주 솔직하고 직선적인 사람들은 성가시게 하고 분란을 일으킬 수 있다. 진실이 가혹하거나 선입견에 반할 때 그것은 충격을 주기 마련이다. 자유사상가, 반란자, 흐름에 역행하는 예술가들은 종종 아주 솔직한 사람들인데 그들은 남의 환심을 사려는 욕망이나 좋은 자리를 얻는 것보다 완벽성을 우선하기 때문이다. 이런 의미에서 보면 사회적으로 높은 역할을 수행해야 할수록 거짓말은 필수적인 통로가 된다.

사회학자 어빙 고프만(Erving Goffman)은 『일상생활의 연출』에서 선의의 거짓말 문제를 다룬다. 각각의 사회 환경에서 각자는 요리사, 점원, 손님 등 구체적인 역할을 수행한다. 이 역할은 '배우들'과 장소에 따라 달라진다. 종종 함구에 의한 거짓말과 암시는 얼굴과 명성을 깎을 수도 있는 거짓말에 빠지는 것을 피하게 한다. 덩어리진 수프에 대해 뭐라 말하지 않는 것은 그것이 맛있다고 거짓말하는 것을 피하게 해준다. 죄책감, 언어적–비언어적 표현의 비일관성, 가면을 벗는 불편함과 위험 등등의 단점을 체험하지 않고도 거짓말의 이득을 모두 얻게 되는 것이다. 이러한 유형의 함구에 의한 거짓말은 거짓말의 죄책감을 느끼지 않고도 다른 이의 감수성을 보호하게 한다. 한편 우리는 원인을 완전히 알면서 거짓말할 수 있는 경우가 있다. 아동 발달에 유용하다

"모든 진실을 말하고, 진실만을 말하기로 맹세합니까?" "맹세합니다." 법정에 나서는 모든 사람들은 선서를 하도록 되어 있고 성서 위에 손을 얹고 진실만을 말할 것을 맹세해야 한다. 맹세를 하고 나서 감히 거짓말하는 사람은 감옥 신세를 져야 할 정도의 중대한 범죄행위를 저지른 것이다. 그러면, 이렇게 정의가 지배하는 법정에서는 어떠한 거짓말도 존재하지 않을까? 그렇게 믿는다면 순진한 생각일 것이다. 평론기자 이브 브와베르는 우리 사법체제 안에서 "모든 의심에도 불구하고, 아무런 거리낌도 없이 '사법적으로 유래가 없는' 거짓말을 해대는 사람들"을 보았다고 주장한다.[6] 법정에서 말해진 수많은 거짓말 중에서 3개를 골라 보았다.

미국 담배기업 소송 중 모든 대표이사들은 성서에 손을 얹고 니코틴이 금단증상을 유발하는 사실을 몰랐다고 맹세했다. 소송 변호인들은 그들이 그것을 알고 있었을 뿐만 아니라 담배에 니코틴을 추가하도록 조처했고 아이들이 흡연하도록 부추겼다는 사실을 증명하는 문서들을 제시했다.

1995년 마티크 사건 때, 하시시 마약 밀수 혐의로 기소된 7명은 허위 증거를 만들고 법정에서 거짓말한 경찰관들 덕분에 풀려났다. 퀘벡 안전국에서 내부조사를 한 뒤에 이 경찰관들은 기소되었다가 무죄를 선고받았다.

1994년 심리학자 장 가농은 성폭력으로 기소되었다가 무죄판결을 받았다. 4년 뒤 추정 피해여성이 다시 그를 고발했다. 법의학 조사 결과 유방에 커다란 찢긴 흉터가 발견된 것이다. 아무 문제가 없는 가정의 아버지인 이 심리학자의 삶은 또다시 뒤흔들렸다. 그는 명성, 건강, 직업 모두를 잃었다. 처음 기소된 뒤 9년 후, 그 젊은 여성은 법정에서 이전에 거짓말을 한 것이라고 인정했다. 모든 것을 조작한 것이다. 유방의 상처도 자신이 만들었다. 이유는? "그냥. 아무 동기도 없이. 사는 게 싫어서."[7]

고 여겨지는 마술적인 상상력을 깨뜨리지 않기 위해 혹은 배우자
의 마음을 배려하거나 자신의 성적 능력을 의심하는 애인의 자존
심을 지켜주기 위해 거짓말하는 경우이다.

아이들의 믿음을 보호하기

아이들은 상상의 세계에 민감하며, 대부분의 부모는 크리스마
스의 마법, 요정의 존재 등을 인정하는 거짓말을 한다. 대부분의
어린 아이들은 진짜 산타클로스가 북극에 살고 있고 가짜들이 상
점에 가득 차 있다고 믿는다. 그들의 믿음과 산타의 가짜수염을
알아차린 것을 서로 조화시키는 방법인 것이다. 그런데 어떤 아
이들은 속은 것에 대해 불만스럽게 생각한다. 한 여성잡지 기자
가 주장한 바에 따르면, "우리 귀여운 아이는 산타할아버지나 요
정들이 존재하지 않는다는 사실과 함께 자신의 부모가 대단한 거
짓말쟁이라는 사실도 동시에 알게 된다."[8] 대부분의 성인들에게
는 아이의 상상력을 보호하는 것이 진실을 고려하는 것보다 우선
한다. 무엇보다도 성인들까지도 비록 상업적 성격이 있고 종교행
사가 줄어드는 것에도 불구하고 크리스마스에 민감하다. "그들의
믿음을 키우기 위해 어린 아이들은 그들의 상상세계를 넓히고 마
법적 사고를 이용할 필요가 있다"[9]고 심리학자 브리짓 에노는 말
한다. 정신분석학자 브리노 베틀렘은 산타클로스나 요정 이야기
등과 같은 아이들의 믿음이 아이의 인지, 정서 발달에 중요한 역
할을 한다는 것을 밝혔다. 따라서 어린 아이들의 부모는 아이의
공상과 거짓말을 혼동해서는 안 될 것이다.

상대의 자존심을 보호하기

드라마 『섹스 앤 시티(*Sex and the City*)』에서 캐리는 칵테일 바에 있다. 그녀는 안경을 쓰고 작고 갈색 머리를 가진 동성애 취향의 자신의 남자 친구와 그 친구가 마음에 두고 있는 잘 생긴 남자를 소개하는 역할을 맡았다. 그녀는 그 잘 생긴 남자에게 다가가서 자기 친구가 당신과 만나고 싶어한다고 말했다. 캐리는 그에게 남자 친구를 가리켰다. 그런데 이 미남은 친구 옆에 서 있는 멋지게 차려입은 키 큰 금발 남자를 가리킨 것으로 생각해서 관심이 있어 했다. 그때 작은 친구가 손짓으로 대답하자, 그 미남은 자기가 관심 있어 하는 사람은 (손짓한 사람이 아니라) 금발의 건장한 사람이라고 캐리에게 분명히 말했다. 그녀는 그 사람은 내가 모르기 때문에 소개시켜줄 수 없다고 사과하고 친구에게 돌아왔다. 친구에게 그녀는 "그 사람 이성 취향이야"라고 말했다. 친구가 자신을 호감이 없는 사람으로 느끼지 않도록 하기 위해 그녀는 거짓말을 한 것이다.

현대 사회는 부정(不貞) 문제에 사로잡혀 있다. 텔레비전, 라디오, 영화, 잡지 등등 그에 관한 이야기가 봇물을 이룬다. 『과학과 미래』와 같은 대중 과학 잡지에서조차도 2002년 9월에 "진화 : 과학이 여성성에서 부정(不貞)을 발견하다"라는 제목의 특집호를 발간했다. 우리는 부정을 저지를 때 망설임 없이 거짓말한다. 이 문제를 다룬 대부분의 글이나 책에서는 심지어 거짓말을 권장한다. 온갖 종류의 전문가들은 함구에 의한 거짓말의 무게가 바로 그 벌이라고 말한다. 그들의 주장에 따르면 부정의 고백은 우리의식을 가볍게 해줄 뿐이고 너무 자기중심적인 행동이라는 것이다. 그들은 이런 종류의 고백은 신뢰를 무너뜨리고 관계를 위험하게 만든다고 말한다. 사실 그것은 커플에 따라 다르다. 규칙이 있는 것이 아니다. 당신의 배우자가 부정하다면 그것을 알고 싶은가 혹은 그렇지 않은가? 알고 싶다면 (반대로) 만약 당신이 그를 속였다면, 그가 당신의 고백을 들을 태세가 되었겠는가? 그렇다고 생각한다면 당신은 당신의 고백의 결과들을 수용할 수 있는가?

당신의 남편이 당신의 부정을 의심하고 캐묻는다면 어떻게 하겠는가? 아무 말도 안 하는 것과 거짓말하는 것은 다르다. 당신의 몸 자체는 거짓말하지 않는다. 비밀을 탄로 내고 상대에게 더 큰 상처를 입힐 수도 있다. 작가 보니 야콥슨[10]은 자신이 속인 남자 파트너와 마주할 때 네 가지 질문을 해보라고 권한다. 즉 1) 왜 내게 그것을 묻는 거야?(그의 동기를 이해하는 것은 생산적인 토론을 준비하게 해준다.) 2) 내가 해명해도 돼?(이 질문은 유죄를 내포하면서도 부정의 상황을 밝힐 기회를 공손하게 요구하는 것이다.) 3) 내가 말하는 것을 받아들이겠어?(이 질문은 문을 닫고 떠날 태세를 하고 있는 화가 난 파트너로 하여금 대화에 참여하도록 해준다.[관계를 회복할 유일한 기회]) 4) 어떻게 하면 네 믿음을 다시 얻을 수 있을까?(사과를 하는 것에 그치는 것 대신에 신뢰를 회복하기 위해 무언가 할 태세가 되어 있다는 것을 보여준다.)

당신이 충실하건 안 하건, 당신의 섹스 만족에 대해 거짓말을 하는가? 코미디 영화 『라이어 라이어』에서는 한 인물이 성관계 후 상대 여자에 대해 진정으로 생각하는 바를 말하는 장면이 있다. 이 영화에서 짐 캐리가 연기한 변호사 플레처는 계속 거짓말을 한다. 자기 아들의 생일날 플레처는 아내에게 전화를 걸어 같이 있지 못하는 것을 사과한다. 사실 자신의 여자 상관이 그를 유혹하는 중이었다. 그의 아들은 많이 실망했다. 생일 케이크의 촛불을 끄기 전에 아이는 아버지가 24시간 동안 단 한 마디의 거짓말도 하지 않기를 빌었다. 그의 소원이 이루어졌다. 그래서 성관계 후 여자 상관은 아주 좋았다고 했지만, 플레처는 "시원치 않네요"라고 말하게 된다. 거짓말을 못하게 되어 난처한 상황들을 여러 번 겪은 뒤에야 플레처는 아들의 소원을 알게 된다. 아들에게 소원을 포기하라고 부탁하면서 다음과 같이 말한다. "어른들 세계에서는 진실만을 말한다면 살아남지 못한단다." 사실 진실만을 말하면 자신의 이익을 잘 보호할 수 없다고 말할 수도 있을 것이다.

　남근적 자부심을 보호하려는 거짓말은 침대에서 난무한다. 세레 히트[11]는 미국인들의 성생활에 관한 수많은 증언을 수집했다. 오르가슴에 도달하도록 여사들에게 가해지는 압력이 너무 강해서 많은 여자들이 그런 것처럼 행동한다는 것이다. "오르가슴을 가장하나요?"라는 질문에 대답한 여자들 중 34%가 '그렇다'고 했고, 19%는 그런 적이 있다고 인정했다. 47%는 '아니다'로 대답했다. 오르가슴을 가장하는 여자들 중 일부는 상대의 자존심을 보호하기 위해 그렇게 행동한다고 말했다. 그런데 즐거웠다고 가장하는 것은 커플의 진정한 친밀성의 형성을 방해한다. 사실 자신의 욕구와 선호를 전달하고 자신의 즐거움에 대한 책임을 지는 것보다는 가장하는 것이 더 쉽다. 그러나 그렇게 행동할 때 욕구불만이 커지고 상대뿐만 아니라 자신에게도 거짓말하는 것이다. 더구나 진정한 오르가즘에 오를 기회를 없애게 된다.

커플 관계 전문가이고 이 분야에서 많은 베스트셀러를 출판한 바바라 드 안젤리스[12]는 정서적 정직성을 권유하면서 기쁨을 가장하는 것을 강하게 만류한다. 가장은 거짓말일 뿐만 아니라 상대로 하여금 다른 사람도 만족시킬 수 있는 굉장한 남자라고 믿도록 하는 일종의 조작이라는 것이다. 철저한 정직성에 관한 자신의 책에서 브래드 블랜튼[13]은 자기 파트너와 동시에 자위행위를 해보라고까지 권한다. 이렇게 함으로써 많은 성과학자들의 표현을 빌면 어떻게 '만지는' 것을 좋아하는지를 보여주게 된다는 것이다. 이를 통해 그가 우리에게 알려주고 싶은 사실은 우리의 성적 만족의 책임이 우리에게 돌아온다는 것이다.

쾌락에 관한 이러한 개념을 통해 남자들은 자신의 여자 파트너에게 가까이 갈 수 있게 되는데, 그들이 상대를 만족시켜야 한다는 책임감을 더 이상 갖지 않기 때문이다. 여자 측면에서 보면 온갖 노력으로 오르가즘을 달성하려 하지 않고 상대와 함께 있는 매 순간을 즐기는 것을 서로 받아들인다면, 관계 속에서 몇 초의 쾌락을 느끼건 말건, 그 관계는 만족스러운 것이다. 종종 집착을 버릴 때 놀라운 일도 생긴다. 애정과 애무만으로 우리를 충족시켜줄 수도 있고 혹은 우리가 포기했던 마지막 폭발을 일으킬 수도 있다.

방어적 거짓말의 위험

의도를 왜곡하고 성적 관계를 약화시키는 방어적 거짓말이 만연한다. 욕구와 사랑이 종종 감춰지고 어둠 속에 묻힌다. 얼마나 많은 사랑에 빠진 사람들이 함구로 거짓말하고 있을까? 그들의 사랑이 일방적이어서 혹은 유부남, 유부녀, 직장 상사 등을 사랑할 권리가 없어서… 이렇게 고백을 자제하는 것은 굉장한 고문이 될 수 있다. 밝히는 것은 반대로 해방되는 것이다.

스코트 펙은 『거짓말하는 사람들』[14]에서 어떻게 한 여자 환자에게 그가 매력을 느꼈던 것을 고백하는 것이 그녀로 하여금 그녀가 그에게 느낀 연정을 받아들이게 하고, 이를 통해 그녀 삶에서의 유혹과 사랑에 대해 공개적으로 말하게 되었는지에 대해 언급하고 있다. 그는 자신이 결혼을 했고, 그들 사이에는 관계가 불가능하다는 점을 말하면서 그녀를 안심시켰다. 이렇게 긴장이 풀어지고 정직성을 기반으로 한 치료적 관계가 형성되었다. 소설 『침대에서의 거짓말』에서 텔레비전 여기자인 가리 오프트만은 자신의 동성애적 성향을 감추고 있는 연출자 닉과 사랑에 빠진다. 그녀는 결국 그와 함께 살게 되지만, 그녀가 얼마나 그에게 깊이 빠져 있는지에 대해선 절대로 말하지 않았다. 그 거짓말은 해로운 감정을 유발했다. 원망, 욕구불만, 억눌린 분노 등. 결국 진실이 밝혀진 것은 닉의 양성취향 남자 친구가 여기자와 사랑에 빠졌노라고 고백하면서였다. 이때 그녀는 닉을 향한 자신의 사랑을 고백하게 되었다. 고백의 충격에도 불구하고 비밀로 인한 긴장감은 갑자기 사라지게 되었다. 그들은 사정을 알면서 셋이 함께 살기로 결정했다.

방어적 필요에 의한 거짓말은 신뢰를 바탕으로 하지 않을 때는 관계를 병들게 한다. 만약에 주변사람 중 하나가 당신에게 정확한 시간(자명한 정보)[15]을 물었을 때 그에게 거짓말한다면 당신은 신뢰받을 수 없다. 비록 당신이 그에 대해 생각한 바를 모두에게 말한다고 해도 그렇다. 더구나 당신이 덧붙인 말은 아마도 중립적 관찰보다는 더 많은 판단을 유발할 것이다. 한편 공정한 사람이라면 주변사람이 그에게 '피드백'을 원하거나 진심으로 그가 자신에 대해 생각하는 바를 알기 원할 때 솔직하게 말할 의무가 있다. 마샬 로젠버그가 제안하고 토마 당상부르[16]가 대중화한 과격하지 않은 커뮤니케이션의 원칙을 사용하여 상대에게 상처를 주는 것을 두려워하지 말고 당신이 느낀 것을 그대로 표현할 수 있다. 판단을 내리지 말고 상황을 관찰한 것으로부터 출발하라. 다른 이를 비난하거나 깎아내릴 필요는 없다. 그런 뒤 당신이 느낀 것을 표현하고 당신의 욕구 중 어떤 것이 채워지지 않았는지를 말한다. 그리고 공개적이고 협상가능한 당신의 요구를 하는 것으로 끝을 맺으면 된다.

예를 들어 당신의 남편이 공부를 다시 시작하려는 자신의 계획에 대한 당신의 생각을 묻는다. 그의 꿈과 감정을 보호하기 위해 거짓말하는 것보다 이렇게 말하면 어떨까? "당신은 열정적이고 그렇게 활기 찬 모습이 나를 기쁘게 해. 동시에 걱정이 되기도 해. 내 봉급으로 생활할 수 있을지 걱정이야. 안심하고 살고 싶어. 당신 계획이 실현될 수 있도록 같이 계산해 볼까?" 이런 식의 요구를 한다면 당신의 남편은 거북한 느낌이나 방어적 태세를 갖지 않게 될 것이다. 당신이 솔직했다면. 과격하지 않은 커뮤니케이션은 감정이입과 연민에 기초한다. 이것은 다리를 만들어주고, 서로를 단절하는 벽을 높이는 것 대신에 그들 사이에 창문을 열게 해준다.

　마지막으로 방어를 위한 거짓말은 보호한다고 믿는 사람의 발전에 해가 될 수 있다. 주변사람들이 병든 사람에게 병의 심각성을 숨기는 것과 같다. 많은 학자들은 소위 불치병 환자들에게 걱정을 주지 않고 희망을 갖게 하기 위해 거짓말을 하는 것이 좋다고 생각한다. 물론 설명할 수 없는 치유의 경우가 발견되기도 한다. 치유된다는 신념이 병과 좀더 효율적으로 싸울 수 있도록 해준 것이다. 그러나 어디까지 갈 수 있을까? 통합 생물학의 새로운 경향에서는 병에 대해 모르는 것이 치료에 도움을 준다고 생각하는데, 여기서조차도 병이 너무 진전되었을 때에는 이것이 별 도움이 되지 않는다는 것을 인정한다. 말기 환자에게 거짓말하는 것은 그 현실과 스스로 타협할 수 있는 능력에 대해 신뢰를 갖지 않는 것이다. 더구나 우리는 그에게서 죽음으로 이르는 여러 다른 슬픔의 단계 — 즉 부인, 분노, 흥정, 슬픔, 인정 — 를 거치는 과정을 빼앗는 것이다. 주변사람 모두가 환자에게 진실을 이야기하는 것을 거부한다면 환자가 자신의 죽음을 잘 준비하지 못하게 방해하는 것이다. 더 나쁜 것은 죽어가는 사람이 직관적으로 뭔가 잘못되어 간다는 것을 느끼는 것이다. 병의 중대성을 부인하면서 주변사람은 환자에게 자신의 직관을 의심하게 한다. 의식이 있는 사람에게 이러한 부인은 치유 불가능한 병으로 고통받고 있다는 것을 아는 것보다 더 고통스러운 것이 될 수 있다. 더구나 환자는 주변사람 모두가 그에게 거짓말했고 자신의 상태를 명확하게 말해줄 만큼 자신을 신뢰하지 않았다는 것을 알게 되면 아주 큰 상처를 입게 될 위험이 있다. 의사들과 간병인은 종종 병의 진실을 알리지 않는 가족들과 공모하여 이미 너무 늦은 상황에서도 치료의 코미디를 하는 것이다.

묵상 연습

방어용 거짓말은 종종 다른 이를 아프게 할까 두려워서 혹은 벌을 받을까 두려워서 행해진다. 다음의 연습은 방어용 거짓말에 직면하게 한다. 점수를 알아보고 자신을 명확히 들여다보자. 당신이 정직하다고 생각하더라도 다른 사람들처럼 거짓말을 할 수 있다. 정도, 동기, 빈도만이 다를 뿐이다. 자신을 완전히 정직하다고 생각하면서 자기에게 거짓말하지 말자.

데비 포드[17]에 따르면 때때로 당신이 거짓말쟁이라는 것을 인정하지 않으면 거짓말쟁이 부분이 당신의 어두운 부분으로 쫓겨가고, 당신의 삶 안에 거짓말쟁이들을 반복적으로 끌어들이면서 당신의 그 부분을 다른 사람에게 투영하는 경향을 갖게 될 것이다. 우리의 모든 측면을 받아들이는 것이 여러 모로 유리하다.

바른 자세를 취한다. 척추를 펴고 발을 땅에 내려놓는다. 숨을 몇 번 크게 쉬고 눈을 감는다. 평상시 숨쉬기로 돌아와서 적어도 2분 간 들숨과 날숨에 집중한다. 침착한 상태를 느끼면 다음 질문을 던져본다. 각 질문 뒤에 눈을 감은 뒤 떠오르는 대답을 생각하고 그것을 종이에 적는다.

- 내 이익을 지키기 위해 내가 한 거짓말 중에서 어떤 것이 가장 명백한 것인가?
- 나를 에워싼 사람들로부터 자아를 방어하기 위해 하는 일상적인 거짓 말은 무엇인가?
- 다른 사람을 아프게 하지 않기 위해 말한 거짓말 중 가장 큰 것은 무엇 인가?
- 벌을 피하기 위해 내가 말한 거짓말 중 가장 큰 것은 무엇인가?
- 내 거짓말들은 나를 진정으로 보호했는가 아니면 환상일 뿐인가?

우리 거짓말의 이유를 이해하는 것은 다른 사람들이 우리에게 거짓말하는 이유를 더 잘 알게 해준다. 이렇게 하면서 우리는 다른 이에게 근접해가고, 우리를 거짓말쟁이와 희생자라는 어색한 두 집단으로 분류하는 것을 그만 두게 된다.

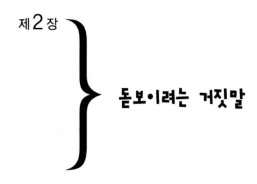

제2장

돋보이려는 거짓말

거짓말이 없다면 진실은
낙담과 권태로 죽을 지경이 될 것이다.

아나톨 프랑스(ANATOLE FRANCE)

　아는 사람 중에 구경꾼들을 놀라게 하려고 과장하는 일로 시간을 보내는 사람은 없는가? 우리 주변에는 그 사람이 말한 것을 반이나 삼분의 일 정도로 줄여서 생각해야 하는 사람이 하나 정도는 있기 마련이다. 그 사람이 거짓말하는 것이 드러나지 않더라도 분명히 그냥 꾸며낸 것이라고 우리는 생각한다. 이런 사람들은 호평을 받지 못하는데, 이미 오래 전부터 일반적으로 금기시되어 온 두 가지를 범했기 때문이다. 즉 거짓말하지 않기, 자만하지 않기, 둘을 한꺼번에 범한 것이다.

　어렸을 때 우리는 거짓말하는 것이 좋지 않은 일이고 그렇게 하면 벌을 받는다고 배운다. 위의 사람들은 자신을 돋보이도록 하고 다른 사람들보다 자신을 높이 위치시키기 위해 거짓말을 이용한다. 그러나 그들만 그런 것이 아니다. 비록 몇몇 사람들이 이러한 거짓말에 능숙하다고 해도, 우리 모두 역시 정도의 차이는 있지만 우리 자아를 부풀리고, 본래보다 크게 보이려고 거짓말을 한다. 돋보이려는 거짓말은 인상을 심어주고, 연민의 정을 불러 일으키며 관심을 끌고, 유혹하거나 혹은 다른 이를 깎아내리면서 자신을 높이는 것이다.

이런 유형의 거짓말에 내재된 네 가지 이유를 알아보기 전에 자신을 알아볼 수 있도록 다음의 테스트를 해보자.

테스트 : 당신은 돋보이기 위한 거짓말을 할 수 있나?

각 번호에 주어진 상황에서 당신이 보일 반응에 가장 근접한 대답을 종이에 써보자.

1. 엑셀 프로그램 지식이 필요한 일자리에 응모했다. 그런데 당신은 그것을 무의식적으로 쓰긴 했지만 정확하게 그것이 어떻게 기능하는지는 모른다.

   a) 인터뷰 이전에 수업을 이수할 것을 언급하면서 엑셀을 안다고 기록한다.

   b) 이 프로그램에 능통하다고 주장한다.

   c) 엑셀의 기능적 지식밖에는 없는 것을 인정한다.

2. 여행을 아주 많이 한 아주머니를 만났는데, 그녀가 당신이 어느 나라를 갔었는지를 물었다. 당신은 외국에 가본 적이 없지만 해외여행을 계획하고 있다.

   a) 남쪽 여행을 두 번 했고 대서양 너머 여행을 계획 중에 있다고 말한다.

b) 유럽과 아메리카를 여행한 것처럼 말한다.

c) 곧 처음으로 비행기를 탈 것임을 고백하고 자문을 구한다.

3. 계단을 못 보고 발목을 삐었다.

a) 많이 절룩거리며 걸어 다니면서 괴로워한다.

b) 붕대를 감고 목발을 이용해 걷는다.

c) 발목을 쉬도록 집에 머무르고, 삐었다고 말한다.

4. 직장 계약 기간이 만료되어 실직 보험 수당을 청구할 권한이 생겼다.
   그렇지만 세 달 뒤에 새로운 직장 계약을 할 예정이다.

a) 한숨을 내쉬며 실직자라고 말한다.

b) 해고당한 것으로 둘러댄다.

c) 사실 그대로 설명한다.

5. 당신 마음에 드는 사람을 만났고 그 사람의 호감을 사고 싶다.

a) 그 사람의 관심을 끌 기회를 얻기 위해 과장되게 말한다. 자연 속의 동
   물들도 같은 방식으로 행동할 것이라고 생각하면서.

b) 그 사람을 사로잡아 당신을 다시 보고 싶게 만들기 위해서 당신의 업적,
   부, 지위를 많이 과장한다.

c) 있는 그대로 자신을 소개하고 그 모습이 마음에 들었으면 좋겠다고 말
   한다.

6. 당신 마음에 쏙 드는 사람과 두 번째 만남이다. 그 사람은 화가 리오펠을
   너무 좋아해서 그의 그림을 좋아하지 않는 사람을 좋아하기 힘들 것 같

다고 고백한다. 반대로 당신은 인상파 화가를 더 좋아한다.

a) 조감도를 연상시키는 그 화가의 유화를 많이 좋아한다고 말해준다.

b) 이런 우연의 일치가 있나! 당신도 역시 리오펠을 좋아하지 않는가.

c) 인상파를 더 좋아하는 당신의 취향을 고백하면서 당신은 인상파를 좋아하지 않는 사람도 좋아할 수 있다고 덧붙인다.

7. 당신 아이들이 전 남편 집에서 주말을 보내고 돌아왔다. 전 남편이 아이들에게 사준 새로운 컴퓨터 게임을 아이들이 굉장히 자랑스러워한다.

a) 아이들을 자주 보지 못하니까 돈으로 환심을 얻으려 한 것이라고 주장한다.

b) 컴퓨터 게임을 비판하고, 아이들을 컴퓨터에 '묶어' 놓기보다는 좀더 많이 같이 놀았어야 한다고 말한다.

c) 아이들과 기쁨을 함께 하고 같이 한 번 게임을 해본 뒤 그들이 하는 것을 지켜본다.

8. 당신의 이웃이 처음으로 낱말맞추기 게임을 성공한 것을 아주 자랑스러워한다. 너무 복잡한 것 같아서 당신은 이 게임을 좋아하지 않는다. 당신의 말은?

a) 그것을 성공한다고 똑똑한 사람이 되는 것은 아니지.

b) 브라보! 나는 더 큰 것도 성공했는데.

c) 축하! 나는 여태껏 한 번도 성공한 적이 없어.

결과

대부분 A : 당신을 내세우기 위해 약간 거짓말할 줄 알고, 당신의 이미지를 높이게 된다. 그러나 당신은 자신을 대단한 거짓말쟁이로 생각하진 않는다. 진실을 잘 포장하기 위해 약간 과장할 뿐이다.

대부분 B : 당신은 돋보이기 위한 거짓말을 하는 일에 어떤 거리낌도 없다. 즐거움까지도 얻을 수 있다. 몇몇은 당신을 확실한 허풍쟁이로 생각하지만 당신은 자신을 돋보이기 위한 거짓말쟁이일 뿐이다.

대부분 C : 당신은 어렸을 때의 교육을 잘 명심하고 있는 사람이고, 거짓말 하거나 자랑하는 것이 나쁘다고 생각한다. 결과적으로 당신은 자연스럽고 꾸밈이 없다. 그것이 다른 사람들 마음에 들지 않는다면 그것은 그들의 문제다. 만약 C가 여덟 개라면 당신은 자신에게 거짓말하는 것이다. 그렇지 않으면 다른 사람 눈에 당신의 이미지를 높이기 위해 필요할 때 거짓말한다.

이러한 거짓말에 의존하는 이유를 살펴보면 당신의 대답 결과에서 차이를 살펴볼 수 있다. 인상을 심어주기 위한 것(질문 1, 2), 연민을 불러일으키기 위한 것(질문 3, 4), 유혹하기 위한 것(질문 5, 6) 혹은 다른 이를 낮추면서 자신을 높이 보이기 위한 것(질문 7, 8) 등이다.

인상을 심어주려는 욕구

다른 이에게 인상을 남기려는 욕구는 돋보이려는 거짓말의 원동력이다. 거짓말쟁이는 주의를 끌고 감탄을 얻어내려고 과장하고 꾸며댄다. 이런 유형의 거짓말은 남자들의 전유물이다. 장 제르베에 따르면 "남자들은 그들의 업적이나 능력을 과장하는 거짓말을 더 한다. 여자들은 자신을 방어하기 위해 거짓말에 의존하는 경우가 더 많다."[18] 남자들이 더 많이 하긴 하지만 남자들이 이러한 종류의 거짓말에 전매특허를 낸 것은 아니다.

대부분의 사람들은 지루하고 단조로운 삶을 산다고 생각한다. 그들은 스타를 부러워한다. 모두의 삶에 어느 정도 관례적인 부분이 있는 반면 스타들은 흥미 있는 삶을 산다고 생각하기 때문이다. 돋보이려는 거짓말을 통해 거짓말쟁이는 자신을 매력적인 삶을 사는 주인공으로 만들어주는 활기찬 상황을 꾸며낸다. 비범한 생활 혹은 선망과 감탄을 불러일으키는 삶 덕분에 거짓말쟁이는 일상적인 사람에서 특별한 사람으로 되는 것이다.

러셀 뱅크스의 소설[19]에서 내레이터는 어떻게 자기 어머니가 유명한 사람과 알고 지낸다는 이야기를 꾸며냈는지를 언급하고 있다. 그는 어려서는 어머니를 믿었지만 성인이 되어서는 이야기가 가짜라는 것을 알게 되었다. 어머니가 거짓말을 한 것이었다. 어머니가 유명한 사람들과 교제를 하고 있다고 말하면서 좀더 많은 사랑을 받기를 원했다는 것을 그는 이해하게 되었다. 돋보이고자 하는 그녀의 방식인 것이다.

주변사람들을 놀라게 하기 위해 밑노 끝노 없는 이야기들을 꾸

역사학자이며 작가인 피에르 미켈은 역사가 마치 숨을 쉬듯 거짓말한다고 주장한다. 고대 로마에서는 쥘 세자르가 자신의 공적을 이야기하는 유일한 사람이었다. 그는 결국 역사가이면서 역사의 일부이다. 역사는 진실을 가져다주기보다는 만들어내는 편이다.

중세에는 교회의 확장주의 목표와 군주의 치부(致富) 욕구를 모르는 십자군 병사들에게 종교적 거짓말이 엄청나게 행해졌다. 1240년경 성 페르나르 드 클레르보는 수도사 아벨라르를 파문하기 위해 거짓말을 포함한 여러 언어적 무기를 사용했다.

1894년에서 1906년 사이에 프랑스를 둘로 나눈 드레퓌스 사건에서는 거짓말이 국가의 사건이 되었다. 프랑스 유태인 장교가 독일에 매수된 간첩이 아니라는 사실을 알게 되었음에도 불구하고 사면되고 복권되기 전에 그는 계속 희생양으로 이용되었다.

18세기에 나폴레옹은 자신의 권력을 견고하게 하기 위해서 뿐만 아니라 만족스러운 자신의 이미지를 유산으로 남기기 위해서도 거짓말했다.[20]

우리는 이러한 사례를 수백 쪽에 걸쳐서 나열할 수 있다.

며내는 여러 거짓말쟁이들의 사례에 대해서 많은 사람들이 내게 말해 주었다. 그들의 거짓말은 너무나 뻔한 것이어서 그들은 실망하게 되고, 가련하거나 웃음거리가 된다. 예를 들어 한 중학교 여학생은 마약 거래를 감시하기 위해 수당을 받는다고 우기고, 나체 무용수라고 주장하고, 두 달 동안 불법 감금되었다고 말했다. 또 다른 병적인 여자 거짓말쟁이는 자신의 새 콘택트렌즈의 푸른 색이 원래 자기 눈 색깔이라고 눈도 깜짝하지 않고 주장했다. 이전에 그녀의 눈동자는 갈색이었다. 퀘벡의 한 여자 트럭 운전사는 아마추어 극단의 도구를 운반했으면서 롤링스톤스와 에디트 버틀러의 순회공연을 위해 운전했다고 말했다. 더구나 유명가수 포스터 앞을 지나가기만 하면 그녀는 그 가수를 개인적으로 안다는 것을 보여주기 위해 이야기를 꾸며댄다는 것이다. 그렇게 많은 사람들을 알았다면 아마추어 극단을 위해 일했겠는가?

어린이 소설 『도미니크의 거짓말』에서 장 제르베는 멜리사가 반에서 주의를 끌고 잘난 척을 하기 위해 어떻게 거짓말하는지를 이야기한다. 어느 날 새 여선생님이 북극에 대해 말하자, 멜리사는 자기가 북극에 갔었고 50마리의 개가 끄는 썰매를 타고 일주한 것처럼 꾸며댔다. 불행히도 모두 그녀를 거짓말쟁이로 취급하였고, 아무에게도 감동을 주지 못했다. 멜리사는 친구가 없다. 선생님이 그녀에게 내일 북극에 대해 발표하고 여행 추억도 말해보라고 시켰다. 반 친구들은 그녀를 비웃었다. 진퇴양난에 빠진 것이다. 결국 그녀의 새 짝인 마르조리 덕분에 진실을 털어놓기 시작했다. 그녀는 어떻게 거짓말 편집증에서 벗어나게 되었을까? 친구들을 다른 방식으로 놀리게 히면서다. 즉 마르조리와 드레이너인 언니 덕분에 그녀는 축구를 잘하게 되었다. 이를 통해 그녀는 함께 운동하고 싶은 다른 친구들과 사귀게 되었다. 그녀는 시합하면서 즐거움을 느꼈고, 공으로 재주 부리기로 다른 애들을 놀라게 했다. 그녀는 더 이상 돋보이기 위해 거짓말을 할 필요가 없어진 것이다.

논설위원 앙드레 프라트의 책 『피노키오 증후군』[21]은 정치인들이 거짓말하고, 사실을 왜곡하는 성향을 다룬 것이다. 교수이며 소설가인 장 제르베는 정치인들은 진실을 말한다면 권력에 머무를 수 없기 때문에 거짓말하는 것을 피할 수 없다고 주장한다. 또한 그들의 거짓말에 우리가 책임이 있는데, 우리는 의기소침하게 하는 진실을 듣는 것보다는 환상에 매혹되기를 더 좋아하기 때문이라고 그는 덧붙인다. 자신의 무지를 받아들이는 정치인과 경제적, 환경적 문제는 세계 상황에 달려 있어서 단 한 나라의 정치적 의지로는 해결하기에 충분하지 않다고 주장하는 정치인 중 누구에게 투표하겠는가? 습관적으로 우리는 우리에게 해결책을, 그것이 효과가 없거나 장기적으로 아무것도 해결하지 못한다 해도, 제시하는 정치인을 지지한다. 거짓말이 정치의 기반 자체라고 볼 수 있다. 그들이 해주는 선행 — 희망 주기 — 덕분에 받아들여지는 것이다. 더구나 세계 모든 나라에서 국가 안전은 진실을 말하는 도덕적 의무보다 우선시된다. 특히 전쟁시에는 거짓말이 적군에 대항하는 무기가 된다. 제1, 2차 세계대전, 베트남 전쟁, 중동전 등에서 적군을 악마로 만들고 시민들을 전쟁에 끌어들이기 위해 행해진 거짓말들을 다룬 많은 저서들이 있다.

연민을 불러일으키려는 욕구

인상을 심어주기 위해 거짓말하는 사람들은 연민보다는 선망을 불러일으키는 것이 낫다고 틀림없이 생각할 것이다. 그렇지만 몇몇 거짓말쟁이들은 자신이 중요한 척하기 위해 연민이나 동정을 불러일으키려 한다. 그들은 자신의 불행을 과장하고 왜곡해서 말하는 것을 통해 주위의 관심을 끈다. 호감을 유발하고 동정을 불러일으키는 그들의 방식인 것이다. 그들의 이야기 안에는 종종 조작이 들어 있다. 그들이 오랫동안 만족할 수 있는 동력은 좀더 많은 연민을 자아내도록 더 많이 거짓말하고, '고통받는 불쌍한 사람'의 역할 안에서 중요한 척하는 것이다.

토비아스 올프의 소설[22]에는 어린 소년이 등장하는데, 그는 끊임없이 가족의 불행을 꾸며내고 그것을 이웃이나 외부사람들에게 이야기한다. 이웃 여자가 그의 어머니에게 애도나 애석함을 표현할 때마다, 어머니는 아들이 친척의 질병, 사고, 죽음을 꾸며대면서 거짓말한 것을 알게 된다. 이런 사실이 그녀를 화나게 했다. 그녀를 혼란스럽게 한 것은 아들의 거짓말뿐만 아니고 그것의 병적인 성격이었다. 그녀는 그것을 개인적인 문제로 받아들였고, 아이 교육의 실패를 자기의 탓으로 돌렸다. 병을 치료하기 위해 의사에게 아들을 보냈지만 허사였다. 마지막 장면에서는 아들이 모르는 사람들에게 그가 티베트에서 태어났고 북아메리카에는 고아들을 돕기 위해 온 것이라고 말하는 것이 나온다. 그의 말을 듣는 사람들은 그의 불행 이야기에 사로잡힌다. 그는 재미있게 보이고 높이 평가받으려고 거짓말한다.

이런 유형의 거짓말쟁이는 청중의 관심을 끌기 위해 이야기를 만들어내는 이야기꾼, 소설가의 기질이 있다. 대부분은 진실로부터 시작해서 왜곡하고 과장해서 재미있게 만든다. 감기가 기관지염이 되고, 낭종은 악성종양이 되고, 삐는 것은 부러지는 것이 된다. 그 목적은 호감과 동정을 얻고, 우리를 측은하게 생각하는 사람늘에게 사랑받는다고 느끼려는 것이다. 어떤 경우에는 중환자

흉내가 한 사람의 감동을 얻을 수 있다. 다음의 실제 예처럼.

소녀의 가짜 암

프랑신이 16살 때 학교 연극부에 있을 때 그녀는 17살 난 여학생인 샹탈과 친하게 지냈다. 이 두 단역 배우들은 아주 가까운 친구가되었다. 프랑신은 연극부의 다른 친구들과도 어울렸지만, 특히 항상샹탈과 같이 했다. 어느 날 샹탈은 암을 앓고 있다고 그녀에게 알려주었다. 프랑신은 깜짝 놀라며 불안해했다. 그녀는 다른 친구들은무시하고 샹탈만을 지극히 돌봐주었다. 그녀의 16살 생일날 같은 반친구가 샹탈이 자신의 모든 관심을 독차지하려고 꾸며댄 말이라고그녀에게 털어놓았다. 프랑신은 그런 거짓말을 믿을 수가 없었고'괴물 같은' 일이라고 생각했다. 그녀는 샹탈을 만났고, 그녀에게서그것이 사실이라는 고백을 어처구니없게도 들어야만 했다. 그날부터 그녀는 계속 그녀를 좋아하는 그 소녀에게 한 마디도 말을 건네지않았다. 16살의 프랑신에게는 모든 것이 희거나 검은 것이었다. 그의 친구는 거짓말을 했고 따라서 영원히 신뢰를 잃은 것이었다. "정신적으로 성숙한 뒤 그리고 내가 그녀를 판단한 것처럼 나도 다른 사람의 판단 대상이 되고 난 뒤, 나는 연민을 알게 되었고, 나의 가혹한태도를 후회하게 되었다"라고 45살이 된 프랑신은 설명했다. 어느날 저녁 집으로 귀가할 때, 그녀를 기다리던 옛날 반 친구가 샹탈을그렇게 대한 것은 애정이 결여된 것이라고 말해주었다. 프랑신은 그때 그의 옛 친구(샹탈) 아파트가 그녀의 사진으로 도배되어 있었다는것을 알게 되었다. 한 발 물러서서 프랑신은 상황에 대한 조금 다른견해를 품게 되었다. "그녀는 나에 대해 맹목적인 사랑을 갖고 있었지만 나는 그 당시에 아무것도 이해하지 못하고 있었다. 그녀를 다시 찾으려 했지만 그렇게 하지 못했다."

유혹하려는 욕구

돋보이려는 거짓말은 또한 우리의 마음에 드는 한 사람을 끌어당기는 방편이 되기도 한다. 유혹의 게임에서는 모든 전략이 정당화된다. 만약 당신이 애인을 찾고 있는 독신자라면, 그것이 무슨 게임인지 알 것이다. 애매한 칭찬, 위장전술, 거짓이 게임의 일부를 이룬다. 미백용 화장품, 인공치아, 임플란트, 염색, 가짜 가슴 등 이미지를 개선하기 위한 수단들은 말할 것도 없다. 공작이 암컷을 유혹하기 위해 꼬리를 둥글게 펼치는 것을 비롯해 많은 동물들이 짝짓기 때 자신을 과시하기 위해 보여주는 행동들처럼, 인간도 목적을 달성하기 위해 거짓말을 포함한 모든 장식을 동원한다. 다음의 예에서처럼.

거짓말쟁이 탐험가

피에르와 미셸은 퀘벡에서 탐험여행 가이드가 되기 위해 연수를 받았다. 그들의 원정은 캐나다와 미국 동부에 국한되었지만, 다른 나라에 대해서도 많은 독서를 하고 수업을 통해 외국 원정에 필요한 것들을 알게 되었다. 둘은 모두 지나를 마음에 두고 있었는데, 그녀는 4대륙을 여행한 젊은 탐험가였다. 피에르는 지나와 단 둘이 있을 때 그녀에게 좋은 인상을 심어주기 위해서 그의 경험에 대해 거짓말하기 시작했다. 지나는 피에르에게 관심이 끌렸다. 둘 다 여행과 타문화에 대한 열정이 있었기 때문이었다. 그들의 우정은 곧 정열적인 사랑으로 바뀌었다. 얼마 후에 피에르는 여행가이드 자리에 응모하게 되었는데, 미셸에게 자신의 이력서 갱신을 부탁했다. 미셸은 자기 친구가 그렇게 많이 여행했다고 거짓말한 것에 대경실색하게 되었다. 미셸은 지나를 찾아가서 피에르는 자신처럼 미국의 두 주와 캐나다의 다섯 지방만을 여행했다고 털어놓았다. 피에르가 이 모든 탐험을 꾸며낸 것에 격분한 지나는 그와의 관계를 끊었다. 피에르는 미셸이 자신을 배반한 것을 알게 되었고 진실을 실토한 것에 대한 앙갚음으로 그를 불만스럽게 대하기 시작했다.

인터넷을 통한 기만적인 유혹

파트리스는 마케팅 상담역으로, 43살이다. 운동 체질인 그는 사이클과 산악스키를 즐기는 여자 친구를 찾고 있다. 그는 인터넷 만남 사이트를 검색하게 되었고, 그곳에서 쓴맛 단맛을 다 보았다고 말한다. 그가 만난 모든 여자들은 실물보다는 사진이 훨씬 더 예뻤다. 한 전지 무 8수의 사진은 그의 관심을 특별히 끌었다. 다인느는 날씬한 몸매와 고운 피부와 까맣고 긴 머리를 가졌다. 그와 마찬가지로 그녀도 스키와 사이클을 한다고 말했다. 그녀는 바의 입구에서 그와 만날 약속을 했다. 파트리스는 통통한 작은 여자가 바 안으로 들어오는 것을 보았다. 그녀의 외투는 찢어져 있었고 혈색은 생기가 없었다. 그는 분명히 그녀가 아닐 거라고 되뇌면서도 직감적으로 그녀의 이름을 부르게 되었고, 그녀가 돌아보았다. 바로 당사자였던 것이다. 파트리스는 하마터면 사람을 잘못 보았다고 말할 뻔했지만 예의상 그러지 못했다. 그는 한 시간 동안 그녀와 술잔을 기울이면서 운동에 대해 질문을 던졌다. "지난 여름에 몇 번이나 사이클을 탔지요?" 심문하듯 그가 물었다. "2년 동안 한 번도 탄 적이 없어요." 그녀가 순진하게 대답했다. 스키도 별반 다를 게 없었다. 파트리스는 물고기처럼 미끼에 걸린 느낌이 들었다. 디안느는 자신의 취미 활동에 대해 거짓말했을 뿐만 아니라 적어도 15년 전 사진을 올려놓음으로써 자신의 외모도 속임수를 쓴 것이다. 디안느의 거짓말은 '유혹'이라는 단 하나의 목적 때문이었다. 그녀가 과장했기 때문에 그녀는 자신이 원하는 것의 반대 결과를 초래하게 되었다. 버림받음!

자신을 높이기 위해 다른 사람을 깎아내리기

자신을 높이기 위해 다른 사람을 깎아내리는 사람들이 있다. 다른 사람을 헐뜯으면서 자신의 이미지를 고양시키는 데 사용하는 돋보이기 위한 거짓말을 하는 경우이다. 남동생이 누나의 실수를 과장하고 일부 꾸며댄다. 회사원이 자신이 탐내는 자리에 지망하는 동료에 관한 소문을 퍼트린다. 교수가 대답을 못하는 여학생을 비방하고, 그 무식함의 정도를 과장하면서 그에 관한 거짓말을 한다. 자신을 좀더 내세우기 위해 다른 사람을 깎아내리는 거짓말의 중심에는 세력관계가 존재한다. 거짓말쟁이는 대상이 되는 사람을 지배하고 압도하기를 바라며 그런 목적으로 거짓말을 사용한다. 이전 배우자와 끝이 나쁘게 깨진 가족은 이런 종류의 거짓말의 전형적인 예를 제공한다.

미디어는 우리의 즐거움과 우리의 소비욕구를 자극하기 위해 환상을 주고 왜곡을 하는 전문가들이다. 광고는 우리를 유혹하기 위해 거짓말을 더 잘한다. 우리는 그것을 알지만 받아들인다. 광고에서 진실을 말한다고 해도 상품이나 서비스의 약점을 언급하지 않으면서 함구에 의한 거짓말을 하게 된다.

공적인 관계에서, '조정'한다는 것을 의미하기 위해 '합리화'한다는 용어를 사용하고, 미디어들의 합병, 독점이나 과점을 의미하기 위해 '전략적 제휴'라는 말을 사용하는 것을 권장한다면 진실을 왜곡하는 것이다. 단순한 전달 역할만 하고, 거짓말한 것을 비판하거나 정당한 말로 바로잡지 않고 다시 쓴다면 기자들은 거간꾼들과 공모하는 꼴이 된다. 방송 뉴스는 현실로 통하는 창이 되기는커녕 내용 선별, 인터뷰 대상 선정, 촬영 각도 등을 통해 사건을 구성한다. 정보의 세계에서 탈정보화가 만연한다.

『유혹의 섬』이나 『사기꾼』처럼 인기가 많은 진실 캐기 방송에서는 거짓말, 혹은 더 나아가 부정(不貞)을 조장한다. 시청자들은 보통의 상황을 살아가지 않는 일반인들을 스타로 만드는 방송 컨셉이나 혹은 스타의 일상에 대해 열광한다. 그러나 모사나 연출이 없다면 지속적으로 새로움을 갈망하는 대중의 관심을 어떻게 유지할 수 있을까. 가십 신문들은 『다락방이야기』의 마를렌이나 로린의 거짓말 혹은 비슷한 부류의 것들을 인용하면서 '허구'에서 '진실'을 가려내는 것을 의무로 삼고 있다. 스타의 삶의 이야기를 소재로 한 영화에서 연출가가 가미한 수정 — '거짓말'을 이해하기 — 이 없다면 대부분은 아주 지루해했을 것이다. 더구나 연출가들은 스타들을 잘못 그렸다고 스타들의 측근들로부터 추궁을 당한다. 미디어들은 우리를 좀더 유혹하고, 붙들기 위해 거짓말을 연료로 쓴다.

전 남편 또는 전 부인을 깎아내리고, 자신들의 가문을 돋보이게 하기 위해 아이들에게 거짓말하는 부모는 이전 배우자보다 아이들에게 더 큰 상처를 준다는 것이 문제이다. 보통 아이는 두 부모를 사랑하며 우러러 받든다. 아이 때는 부모에 대해 자랑스러워하기 마련이다. 청소년기는 아주 빨리 찾아오는데, 이때가 되면 유년기의 장밋빛 안경은 때로는 아주 급격하게 어두워지고, 그때까지 비판에 익숙하지 않았던 부모들에게 나쁜 상황이 벌어진다. 자신의 아버지나 어머니가 이전 부모를 깎아내리는 것을 알아차리면 원한을 품게 된다. 그 원한은 보통 곧 억제되지만, 비판이 거짓말이었다는 것을 아이가 알게 되면 그것이 표면으로 부상한다. 아이는 자신에게 거짓말한 사람에 대해 배신감을 느낀다. 자신이 전적으로 신뢰하는 사람이 거짓말쟁이, 사기꾼, 협잡꾼으로 드러나는 것이다. 이런 사실은 영원한 상처를 남길 수 있다. 아이는 자신 안으로 움츠러들고, 결국 자신의 지각능력을 의심하게 된다.

이전 배우자에 관한 거짓말은 자기 아이들의 애정을 독차지하고 싶어하는 지배적인 부모에게서 종종 비롯된다. 너무나 종종 그들은 헤어진 배은망덕한 배우자에 대한 증오를 공유하기 위해 자식들에게 영향을 끼치려 한다. 거짓말쟁이 부모는 이렇게 전 남편 또는 전 부인을 벌주고 복수한다고 믿는다. 그러나 우선 그들이 벌주는 것은 바로 자신의 아이들이 되는데, 다른 부모의 증오를 공유하지 않는 한 이들은 이런 상황에서 필연적으로 불편해하고 슬퍼질 것이기 때문이다. 증오가 그것을 느끼는 사람에겐 독약이 된다는 것을 상기할 필요가 있을까? 다음의 경우는 헤어진 부부 사이의 증오가 일으키는 참화와 그들 자식에게 끼친 영향을 잘 보여준다.

샌드위치가 된 아이들

각각 10살과 12살인 에마뉴엘과 조나는 어머니 비비안과 함께 몬트리올 남부 지역에 살고 있다. 그들은 2주에 한 번 주말을 아버지 베르트랑과 보낸다. 이들 부모는 서로에 대해 증오심을 갖고 있고 그것을 숨기지 않는다. 지난 여름 조나와 에마뉴엘은 몬트리올 북부의 라발에서 우주 캠프에 참가했는데, 캠프의 마지막 날이 아버지가 돌보는 주말과 겹치게 되었다. 아버지는 전 부인에게 전화를 걸어 자신이 캠프로 가서 아들을 데려오겠다고 말했다. 어머니는 반대했는데, 로랑티드에 있는 산장에 일주일 계획으로 곧 떠나는데 몬트리올로 돌아오고 싶지 않았기 때문이다. 베르트랑은 고집을 부렸지만 그녀는 아무것도 알고 싶어하지 않았다. 그가 주장한 것은 자신이 돌보는 주말이었고, 아이들을 볼 권리가 있다는 것이었다. 그래서 아이들을 데리러 갔다. 비비안도 라발에 갔는데 아이들이 이미 그곳에 없는 것을 알고 분통 터지게 되었다. 그녀는 베르트랑의 집에 전화를 했고 전화를 받은 것은 조나였다. "너희들 캠프에서 나를 기다리지 않다니 어떻게 된 거니? 너희 아빠는 옳지 않아. 엄마는 너무 불안했어"라고 비비안은 소리 질렀다. 조나는 아버지에게 설명을 요구했다. 베르트랑은 그의 어머니는 거짓말쟁이라고 하면서 자신이 그들을 데리러 갈 것을 알고 있었다고 대답했다. 얼마 후에 비비안은 아이들에게 아버지는 믿을 수 없는 사람이고 그가 말하는 것을 믿어서는 안 된다고 말해주었다. 아이들은 어떤 사람을 믿어야 할지 모르게 되었다. 그들은 불안해지고 혼란스럽게 되었다. 에마뉴엘은 아버지를 믿기로 했고 어머니를 멀리하기로 결심했다. 조나는 아직도 이 두 부모를 배려하려고 노력 중이고, 중재자 역할을 하고 있다.

거짓말쟁이들의 지나침

강박적 거짓말쟁이들은 주변사람들에게 인상을 심어주고 경탄을 자아내기 위해 사실을 과장하고 꾸며내는 일을 멈출 수 없다. 이러한 욕구가 다른 모든 것보다 더 강한 것이다. 다른 사람들이 그들의 말을 거의 들으려 하지 않을 정도까지 그렇게 항상 주위를 놀라게 하길 원하는 성향이 그들을 괴롭힌다. 드러나 보이는 것이 말하는 것보다 더 강하게 표현한다. 인상을 심어주려는 거짓말은 다른 사람들과의 커뮤니케이션을 방해한다. 거짓말쟁이들이 말하는 것이 무엇이든 간에 그들의 메시지는 똑같다. "내가 얼마나 착하고, 똑똑하고, 재치 있는지를 주목하세요." 유혹하는 사람들의 경우는 "나의 아름다움과 매력에 빠져보세요"라고 말하는 것이다. 동정심을 불러일으키려는 거짓말쟁이들의 말에 함축되어 있는 것은 "내가 얼마나 고통스러워하는지를 보고 가엾게 생각해주세요"이다. 다른 이를 깎아내리고 자신을 높이려는 사람들이 부르짖는 것은 "자 보세요. 내가 제일 우수합니다. 다른 사람은 나보다 한참 밑이에요"이다. 자신을 돋보이려는 거짓말쟁이들은 모두 관심 끌기와 인정받기를 원한다. 그들은 항상 옳기를 원해서 틀리지 않기 위해 거짓말하게 되고 주위사람들을 성나게 한다. 결국에는 주변사람들의 조소의 대상이 되어 그의 거짓말은 비웃음을 당하고, 감동을 주거나 유혹하는 것과는 거리가 멀어진다. 결국 그들은 자주 친구를 바꾼다.

근본적으로 보면 이 거짓말쟁이들은 항상 불안정하고, 사랑받고 싶어한다. 몇몇은 자신이 다른 사람들보다 우월하다고 실제로 믿는다. 그러나 대부분은 자신의 개인적 가치에 의구심을 갖고 있으며, 사람들이 자신들을 감탄하고 인정해주도록 거짓말한다. 불행하게도 그들의 거짓말은 다른 사람들을 끌어들이기보다 밀어내는 경향이 더 많다. 자신이 더 우월하다고 믿는 것은 커다란 거짓말이다. 자신이 더 밑에 있는 척하는 것도 역시 큰 거짓말이다. 돋보이기 위한 지나친 거짓말을 치유하는 것은 자신의 장점과 약점을 있는 그대로 받아들이고, 다른 모든 사람들과 본질적으로 동등하다는 것을 인정하는 것을 통해서 이루어지지 않을까?

가장 나쁜 경우로 한 사람이 너무 거짓말을 많이 해서 그의 전체 삶이 거짓말 위에 놓이게 되었다. 진실이 모두 들통 나려고 할 때 살인이 유일한 탈출구로 다가왔다. 가련하게 유명해진 장 클로드 로망에게 일어난 일이 바로 그것인데, 그의 이야기는 소설과 두 편의 영화로 만들어졌다.[23]

거짓말이 살인으로 이를 때

장 클로드 로망은 한 스위스 가정에서 자랐다. 가족의 규칙은 거짓말하지 않는 것이었지만 효성스런 거짓말은 당연한 것으로 여겨졌다. 그는 두 가지 제약에 사로잡혔다. 한편으로는 절대로 거짓말해서는 안 되었고, 다른 한편에서는 슬픔을 초래하지 않기 위해 몇몇 사실에 대해 입을 다물어야만 했다. 의대 2학년 말에 장 클로드는 시험에 응시하지 않았다. 자신의 약혼녀가 자기를 퇴짜 놓아서 의기소침해졌다거나 혹은 자명종을 듣지 못해서 시험을 보지 못했다고 말하는 것 대신에 그는 시험에 통과한 척했다. 다음 해에도 2학년에 다시 등록했고 3학년 수업에 참가하고 시험을 치르지 않았다. 그가 자신에게까지 거짓말하기 시작한 것이 바로 그때부터라고 생각할 수 있다. 그는 이런 곡예를 12년이나 계속했다. 2학년 수업에 등록하고 동기생들과 계속 상급 학년 수업을 듣는 것이다. 결국 그는 의대 졸업장을 받은 것처럼 꾸몄고 세계건강기구의 의학연구원이 된 것처럼 행동했다. 그의 이 모든 거짓말에도 불구하고 그는 결혼을 했고 두 아이를 갖게 되었다. 18년 동안 모든 사람들을 속일 수 있었다. 그는 투자를 한다는 명목으로 돈을 빌려 살아왔다. 그의 인생관은 이랬다. "특히 친구들이 당신에게 솔직하길 원하면 그 친구들을 믿지 마라. 그런 경우에 닥치면 망설이지 말고 사실이라고 장담하고 가능한 한 거짓말을 하라." 몇몇이 그의 거짓말과 속임수들을 의심하기 시작하면 장 클로드는 주변사람들을 실망시킨다는 생각, 여러 해 동안 자신이 만들어온 자신의 기만적인 이미지를 해친다는 생각을 견디지 못했다. 1993년 1월 9일 저녁 모임에서 그는 아버지, 어머니, 부인, 아이들을 모두 살해했다. 그는 자살을 시도했으나 실패하고 현재 종신형을 살고 있다. 감옥에서 그는 가장 낮은 이미지인 살인자가 되는 것이 범죄 이전 20년 동안의 거짓말을 견디는 것보다 더 쉽다고 털어놓았다. 그의 거짓말들은 그의 존재를 망쳤고, 가족의 목숨을 앗아갔다.

묵상 연습

돋보이려는 거짓말들은 다른 사람들의 눈에 자신의 이미지를 높이려고 하는 것이다. 최종적으로 원하는 목적은 사랑받는 것이다. 다음의 연습을 통해 당신은 자신의 돋보이려는 거짓말들과 직면하게 된다. 만약 당신이 거짓말쟁이가 아니라고 생각한다면 모두가 자신을 내세우기 위해 이미 거짓말을 했고, 어떤 상황이 되면 당신도 그렇게 할 수 있을 것이라는 것을 솔직하게 인정하는 것이 좋다.

허리를 펴고 앉아 다리를 땅에 내려놓는다. 몇 분 동안 눈을 감고 호흡에 정신을 집중시킨다. 마음속으로 침착해졌다고 생각하면 다음의 질문을 던져본다. 각 질문의 뒤에 눈을 감아도 좋다. 그 뒤에 떠오르는 대답을 종이에 적는다.

- 누군가에게 인상을 심어주기 위해 최근에 무슨 거짓말을 했는가?
- 불쌍하게 보이기 위해 이미 무슨 거짓말을 했는가?
- 유혹하기 위해 종종 무슨 거짓말을 했는가?
- 누군가를 깎아내리기 위해 이미 무슨 거짓말을 했는가?
- 지금까지 살아오는 동안 사랑받기 위해 행한 가장 큰 거짓말은 무엇인가?
- 내가 나 자신에게 한 가장 큰 거짓말은 무엇인가?

만약 당신이 돋보이려는 거짓말을 종종 한다면 이런 묵상은 당신을 부추기는 깊숙한 이유를 이해하게 해줄 것이다. 만약 주변사람이 규칙적으로 이런 방식으로 당신에게 거짓말한다면 당신은 더 잘 이해할 수 있게 될 것이고 그를 단죄하는 일은 줄어들 것이다. 모든 살아 있는 진정한 관계에 필수적인 것인 신뢰, 용서, 연민으로 이어지는 다리를 다시 이어주는 것은 바로 이해이다.

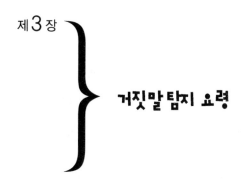

제3장

거짓말 탐지 요령

어떤 사람도 거짓말에
성공할 만큼 기억력이 좋지 않다.
에이브라함 링컨(ABRAHAM LINCOLN)

모두는 진실과 거짓을 가려내는 수완을 갖고 있다. 그러나 대부분의 사람들은 그것을 잘 해내지 못한다. 거짓말과 관련된 신비로운 이야기들은 거짓말을 격퇴하는 데 아무 도움이 되지 못한다. 만약 거짓말쟁이는 상대의 시선을 피한다고 당신이 믿는다면, 태연자약하게 눈을 똑바로 쳐다보며 하는 거짓말은 탐지하지 못할 것이다. 그리고 당신은 당신에게 거짓말하지 못하도록 방어할 도리가 없을 것이다. 당신을 보호하는 가장 좋은 방법은 거짓말, 속임수, 사기 등에 연관된 복합적인 행동들을 식별하고 확인하는 것이다.

커뮤니케이션의 네 성분 즉, 몸, 얼굴, 목소리, 말 등을 해독해보기 전에 준비단계를 거치는 것이 중요하다. 무엇을 찾는지 자문해보고, 정신을 비우고, '듣기' 모드로 되는 것 등은 다른 이를 '읽고', 거짓말을 탐지하는 예비행위로서 선별된 방법에 해당된다. 우리는 맥락을 고려하는 것을 잊고 가슴 아픈 실수를 저지르는 초심자처럼 행동해서는 안 된다. 준비가 되면 거짓말을 탐지하게 하고 결국 우리 활동의 성공을 촉진하게 하는 일곱 가지 규칙을 따라가 보자. 이것의 일환으로 우리의 직관은 가장 유용한 도구로 드러난다. 그것 또한 사용하는 법을 알아야 하지 않겠는가! 다음의 테스트를 통해 당신이 소질이 있는지 여부가 밝혀질 것이다.

테스트[24] : 당신은 좋은 '거짓말 탐지기'를 가지고 있는가?

거짓말을 탐지하는 기본적인 수완을 갖고 있는지를 알기 위해서, 다음 질문에 대한 대답을 너무 많이 생각하지 말고 '예, 아니오'로 종이에 쓴다. 머릿속에 처음으로 떠오르는 대답이 일반적으로 좋은 대답이다. 자신에게 거짓말하지 않는다!

1. 길을 걸을 때, 나의 뒤나 옆에서 걷는 사람들을 항상 의식한다.
2. 어떤 사람 혹은 어떤 상황이 부성적인 느낌을 줄 때, 나는 힝싱 그 이유를 자문한다.
3. 첫 느낌이 맞아 떨어질 때 나는 놀라지 않는다.
4. 내가 누구를 좋아하지 않을 때, 그에 대한 나의 반감을 분석하는 시간을 갖는다.
5. 누군가를 좋아할 때, 나는 그 사람이 내 마음에 드는 이유를 종종 숙고해본다.
6. 지금 막 만난 사람이 내게 반감을 갖고 대할 때, 나는 그 기분을 참고

한다. 나 자신의 피곤함, 신경질로 그것을 설명하려 하지 않는다.

7. 사람들이 내게 한 말을 거의 대부분 기억한다.

8. 사람들에게 말할 때, 그들의 표정 표현에 많은 주의를 기울인다.

9. 대화를 할 때 상대의 음성 어조를 세심하게 듣는다. 그들이 내게 말을 건넬 때, 그들의 감정을 추측한다.

10. 나는 순진하지 않다. 나는 남들이 내게 하는 말을 모두 믿지는 않는다.

11. 사람들에게 질문을 던졌을 때, 상대의 대답에 동의할 수 없으면 추가 설명을 요구하면서 그들이 말한 것에 대한 책임을 지도록 설득한다.

12. 누군가 내게 거짓말하거나 현실을 왜곡할 때 대체로 그것을 식별해낼 수 있다.

13. 누군가 나를 좋아하면 나는 항상 그것을 식별해낼 수 있다.

14. 나는 누군가가 특이한 이야기를 하면서 하는 행동방식을 정확하게 기억할 수 있다.

15. 누가 나에게 말한 방법을 기술해야 한다면 나는 그것을 기술하기 위해 기억해내는 데 아무 어려움도 없다.

16. 어떤 구체적인 위협은 없어도, 내가 방금 알게 된 사람 앞에서 불편함이나 두려움을 느낀다.

17. 나는 누군가 내게 한 말을 단어 하나까지도 기억하는 데 탁월하다.

18. 누군가 경솔한 말을 하면, 나는 그것을 즉시 알아차린다.

19. 독을 품은 칭찬이나 불쾌한 언사를 그냥 흘리는 경우가 거의 없고, 사람들이 내게 말하려는 바를 즉시 이해한다.

20. 무언가 내 마음에 들지 않을 때, 목이나 신경에 물리적 감각을 즉시 느낀다.

21. 무언가 내 마음에 들지 않거나 아주 긴장을 하면 나는 땀을 많이 흘리는 편이다.
22. 누군가 나를 성가시게 하면 나는 평소보다 더 혹은 덜 먹는다.
23. 사람들이 그들의 견해에 자가당착을 보이면, 나는 종종 그것을 받아친다.
24. 누군가 내게 진실을 말하지 않는다고 의심을 하게 되면, 그에게 계속 꼬치꼬치 캐묻는다.
25. 누군가 하는 말이 얼굴표현이나 신체언어와 반대되는 것 같으면 그것을 항상 지각할 수 있다.

각각의 질문에 대해 '예'라는 대답에 1점을 주고, '아니오'라는 대답에 0점을 준 뒤, 합계를 내보자.

결과

25점 : 당신은 탁월한 거짓말 탐지기의 도움을 받고 있다!

만약 당신이 25개 질문에 '예'라고 대답했고, 거짓말한 것이 아니라면, 당신은 예리한 관찰력이 있고 당신의 직관이 당신에게 말하는 것 그리고 당신이 느끼는 것과 당신은 완벽하게 조화를 이루고 있다. 축하한다. 당신은 거짓말을 쉽게 탐지하고 당신에겐 두 번 거짓말해서는 안 된다. 당신은 정직성, 완벽성, 다른 사람에 대한 배려 같은 좋은 가치를 지니고 있다. 다른 사람들이 당신에게 말하는 것을 해석하는 당신의 감각과 능력은 아주 좋은 리더십을 발휘할 수 있게 해줄 것이다. 그러나 비록 만점을 받았다고 해도 더 배울 것이 있을 것이다.

17-24점 : 당신은 아주 좋은 거짓말 탐지기를 가지고 있다!

당신은 좋은 직관을 가지고 있지만 때때로 당신의 직관을 따르지 않은 것을 후회한다. 당신은 모든 요소들을 갖추지 못했을 때라도 상황을 평가하는 당신의 능력에 대해 충분한 신뢰가 없다. 당신은 어떤 행동이 잘못될 것이라는 것을 느끼면서도 그 행동을 한 것을 때때로 후회한다. 당신의 직관이 어떻게 기능하는지를 좀더 잘 이해하고, 거짓말을 탐지하는 방법을 의식화하기만 하면 훌륭한 거짓말 탐지기를 갖게 될 것이다.

8-16점 : 당신의 거짓말 탐지기는 수리할 필요가 있다.

당신은 위험을 감수하거나 물의를 일으키는 것을 좋아하지 않는다. 대결하는 것을 혐오하고 있는 그대로를 더 좋아한다. 누가 당신에게 거짓말하면 당신은 거짓말쟁이를 지적하기보다 차라리 눈을 감아버린다. 또한 다른 사람이 당신에게 말한 거짓말을 믿는 척하면서 당신도 역시 거짓말을 하게 된다. 때때로 당신은 확실하게 판단하고 거짓말을 탐지하지만, 그것을 알지 못한다. 또 어떤 때에는 당신이 거짓말을 덮어놓고 믿는다는 사실을 보는 것을 끔찍히 싫어한다. 이 책은 당신의 거짓말 탐지 능력을 다듬도록 도와줄 것이다. 당신의 지각에 대해 더 많은 신뢰를 갖는 법을 배우고, 누구를 신뢰할지를 더 잘 알게 될 것이다.

0-7점 : 당신은 거짓말에 당혹해한다.

당신은 도움이 필요하다. 아마 반복적으로 실수를 범할 것이다. 당신은 아무 것도 보지 않고 단지 놀림감이 된 당신을 책망한다. 당신은 속고, 틀리고, 배반당하고, 골탕 먹는 일에 지쳤다. 당신은 성격적으로 얌전해서 모든 것을 확실한 것으로 알고 받아들이는 것이든지, 혹은 너무 당신 안에 집중해 있어서 다른 사람들이 당신에게 보내는 신호들을 놓치는 것이다. 결국 당신이 계속 실망하고 상처를 입는 것은 놀랄 만한 일이 아니다. 이 책을 읽는 것은 당신의 현재 삶에서 중요한 일이 될 것이다. 다른 사람들이 당신에게 하는 말을 해독하고, 그들의 거짓말을 탐지하는 법을 배우면서 당신은 낙마하지 않고 든든히 안장 위에 자리를 잡을 수 있을 것이다. 말에서 떨어져 부상을 당하는 것 대신에 여유 있게 산책을 즐기며 시간을 보내게 될 것이다.

거짓말 탐지를 위한 준비를 하라

인간은 한꺼번에 두 생각을 가질 수 없다. 물론 뒷면에 한 생각을 갖고 다른 생각이 전면을 차지할 수는 있지만, 동일한 순간에 두 개의 다른 화제를 생각할 수는 없다. 거짓말을 하려면 여러 요소를 조합해야 한다. 진실과 거짓, 말의 일관성, 신경과민, 그리고 거짓말이 들통 나는 것에 대한 두려움, 죄책감 같은 감정과 그것을 가장하는 일, 거짓말에 속도록 펼쳐야 하는 전략 등. 거짓말쟁이가 모든 것을 예견하고 조종할 수는 없기 때문에 어떤 방식으로든, 어느 순간에는 비밀을 누설하기 마련이다. 거짓말을 아무리 연습했다 하더라도 우리의 모든 질문과 반응을 예견할 수는 없다. 따라서 거짓말쟁이를 불안하게 하고, 놀라게 하는 것이 가능한 것이다.

직업적인 거짓말쟁이라도 가면을 벗길 수 있다. 에이브라함 링컨이 잘 지적했듯이 "모두를 때때로 속일 수는 있고, 몇몇 사람을 항상 속일 수는 있어도, 모두를 항상 속일 수는 없다." 거짓말을 탐지하는 것은 커뮤니케이션 코드들 사이의 비일관성을 탐지하고 해독하는 것이다. 대화 상대가 낭신에게 말할 내 명확하세 판단할 수 있기 위해서는 대화와 단어, 목소리, 얼굴, 몸 등 모든 구성요소를 전부 주목해야 한다. 이 일은 어떤 준비를 필요로 한다. 우선 당신이 검증하고자 하는 정보가 무엇인지를 자문한다. 그리고 당신의 선입견을 잊으려 노력한다. 그리고 초등학교 때 선생님이 우리에게 길 건너는 법을 가르쳐주기 위해 신신당부한 조언을 실행하라. 멈춰라, 보아라, 들어라.

무엇을 알고 싶은가?

만약 당신이 찾는 것을 알지 못한다면 당신은 본의 아니게 피터의 원칙 즉 "어느 곳으로 가는지를 모르면 다른 곳에 도달한다"는 원칙을 적용하게 될 것이다. 당신의 거짓말 탐지기를 가동하기 전에 몇 개의 질문을 자신에게 던져본다. 무슨 이유로 한 사람의 정직성을 검증하려 하는가? 어떤 목적을 추구하는가? 그 사람에 대해서 무엇을 확인하려 하는가? 이 질문들에 집중하라. 그렇지 않으면 편집증 환자가 되거나 그냥 되는대로 거짓말을 추적하게 될 수도 있다. 대화 상대가 신뢰할 수 있는지를 알고 싶은가? 고용자로서 당신이 채용하고 싶은 사람의 이력서에 강조된 능력을 그가 정말로 갖고 있는지를 알고 싶은가? 혹은 당신이 사랑에 빠졌는데, 그가 정말 사귀고 싶어하는지를 알고 싶은가? 사람을 만나기 전에 알고 싶은 것을 결정하라.

만약 당신이 배우자를 찾거나 혹은 아이들을 돌볼 보모를 찾는다면 그들이 정말로 아이들을 좋아하는지를 확인하는 것이 중요할 것이다. 그러나 그들은 틀림없이 그것이 사실이 아니라도 당신이 듣고자 하는 말을 해줄 것이다. 따라서 그들의 말만 갖고는 믿을 수가 없게 된다. 어떤 사람이 돈이 애타게 필요하지만 보모 이외에 다른 일은 할 능력이 없을 수도 있다. 애인이 단순히 여자에 대한 욕구만을 갖고 있으면서, 목적을 달성하기 위해 먼 미래를 약속하고 당신의 마음을 끌고 좋은 아버지가 되겠다는 약속을 내세울 수도 있다. 여비서를 채용할 때에는 그녀가 아이를 좋아하는지는 중요하지 않다. 반대로 그녀의 책임의식을 확인할 필요가 있을 것이다. 만약 그녀에게 "당신은 책임감이 있나요?"라고 묻는다면 그녀는 그것이 사실이든 아니든 틀림없이 머리를 끄덕일 것이다. 당신과 삶을 같이하고자 하거나 혹은 채용하고자 하는 사람과 대화를 할 때에는 당신의 모든 감각이 경계 상태에 있어야 한다.

현실을 잘 파악하는 것이 필수적이다. 당신의 만족, 안전, 더 나아가 당신의 (인간)관계적 행복 등등.

자신에 집중하기

대화 상대가 말, 목소리, 얼굴, 몸으로 의사소통하는 것을 잘 해독하기 위해서는 자신에게 집중해야만 한다. 자신에게 집중하는 것을 통해 외부의 자극으로 길을 잃는 것을 피하고 직관에 눈을 뜨게 된다. 방해가 되는 걱정을 없애고 자신에 집중하는 기술 — 명상, 손동작, 걷기 — 이 무엇이든 간에 결과는 동일하다. 즉 자신과 다른 사람에게 더 열려 있게 되는 것이다. 정신적 음향효과를 줄이는 것 이외에도 외부 소음을 줄이거나 아예 없애도록 노력하라. 다음의 훈련은 자신에게 집중하고 정신을 비우는 데 도움이 될 것이다. 그래서 대화 상대가 당신에게 말한 것을 해독할 시간이 올 때, 당신의 판단이 덜 기울어지게 될 것이다.

호흡 훈련

의식적인 호흡은 릴리안 글라스(Lillian Glass)를 비롯한 많은 사람들에 의해 제안된 기술이다. 이것은 당신이 다른 사람들을 잘 듣지 못하게 방해하는 끊임없는 생각들로부터 당신을 벗어나게 해준다.

약속한 사람을 만나기 직전에 몇 분에 걸쳐서 깊숙이 숨을 쉬어라.
- 3초 동안 들이쉰다.
- 3초 동안 숨을 멈춘다.
- 10초 동안 폐로부터 천천히 숨을 내쉰다.
- 이것을 10번 반복한다. 그러면 놀랄 정도로 긴장이 이완될 것이다.

전부 3분도 안 걸리는 일이다. 시간이 없어 이것을 못한다고 둘러댄다면 그것이야말로 새빨간 거짓말이다! 이 훈련의 성과에 대해 확신이 없다 해도, 그것은 또한 몇 분 전에 당신의 정신공간을 차지하던 모든 근심들을 없애는 데 도움이 되기도 한다. 대부분의 사람들은 지속적으로 짓누르는 염려의 무게 때문에 완전하게 다른 사람에 집중하지 못한다. 그들은 다른 사람에게 주의를 지속적으로 집중하지 못하며, 정신을 선입견에서 자유롭게 하지 못한다. 따라서 그들은 다른 사람의 말에 대한 판단을 그르칠 확률이 더 높으며, 이것은 그들의 관찰이 기울어져 있기 때문이다. 방금 부인과 싸운 사람의 예를 들어보자. 만약 그가 중요한 만남 이전에 자신에게 다시 집중하지 않으면 그의 분노는 그를 따라갈 것이고 자기 동료들에게 부정적으로 반응할 위험이 있다. 그가 중요한 만남 전에 정신과 마음에서 분노를 없애면 다른 사람들에게 주의를 기울이고 열린 상태가 될 것이다.

더 읽기 전에 이 기술을 시도해보라. 일단 습관이 되면 당신은 대화 상대를 더 잘 이해하고 싶을 때, 쉽게 그것을 이용할 수 있을 것이다. 호흡 훈련 중에 눈을 감으면 시각으로부터 오는 외부 자극의 80%를 없앨 수 있다. 이것은 더욱 더 긴장완화와 집중에 도움이 될 것이다.

멈춰라, 보아라, 들어라.

우리가 어렸을 때 길을 건너기 위해 배운 법칙을 기억하는가? 우선 인도 가장자리에 멈춘다. 왼쪽과 오른쪽, 그리고 오른쪽과 왼쪽을 다시 본 뒤, 우리는 다가오는 엔진 소리를 들어야만 했다. 그런 뒤라야만 우리는 건너갈 수 있었다. 그 법칙을 무시하면 심한 부상을 입거나 혹은 목숨이 위태로워질 수 있다. 인간관계에서도 또한 감정적인 부상을 입을 위험에 처한다. 만약 우리가 같은 규칙 — 멈추기, 보기, 듣기 — 을 적용하지 않는다면.

이 규칙들을 실행하면 우리는 많은 고통과 근심을 피할 수 있을 것이다. 다음의 훈련은 당신의 주위사람들이 당신에게 하는 말을 해독하는 것에 익숙하게 해줄 것이다.

횡단 훈련

이것은 길을 건너는 방법은 아니고, 대화 상대의 진실을 더 잘 보고 들을 수 있도록 겉모습의 벽을 통과하는 것이다.

당신이 더 잘 이해하고자 하는 사람 앞에 서게 되면 자신에게 속으로 '정지'라고 말하라.

- 인사를 하거나 간단한 말(예를 들어 날씨 이야기)을 건네고 잠시 동안 준비한다.
- 2초 동안 입으로 숨을 들이쉰다.
- 2초 동안 숨을 멈춘다.
- 숨을 내쉬는 동안 당신을 긍정적, 부정적으로 부추기는 그 사람에 대한 모든 선입견을 내보낸다고 생각한다. 그렇게 하면, 그 사람에 대해 당신이 추측하는 것보다는 있는 그대로의 그 사람을 볼 기회가 커질 것이다. 우리는 종종 우리의 지레짐작 때문에 10년 뒤늦게 주변사람들을 지각한다.
- 숨쉬기 훈련을 하는 동안 시각 정보를 스며들게 한다.
- 할 수 있다면 숨쉬기 기술을 계속하라. 아니면 당신이 보는 것에 집중하라. 대화 상대의 자세, 그의 몸, 팔, 손, 얼굴의 위치.
- 그런 뒤에 그가 말하는 것을 잘 듣는다. 목소리 어조에 주의를 기울인다. 이 모든 것은 30초 이내에 이루어진다. 당신은 이제 다른 이의 겉모습의 벽을 지나간 것이다.

사람들의 말보다 사람들의 존재가 더 많은 말을 한다. 입으로 숨

쉬는 것을 계속하면서, 그 사람에 대한 당신의 느낌을 자문한다. 그의 존재가 당신을 편안하게 혹은 불편하게 하는가? 다음 장을 보면 어떤 사람이 당신을 불편하게 하는 이유를 알게 될 것이다. 그들의 비언어적 언어가 그들의 견해를 부인하고 있는 것이다. 당신의 무의식이 비일관성을 탐지하고 그것을 당신에게 통보한다. 그들이 당신에게 거짓말을 하는 것이 아닐 수도 있지만 분명히 투명하거나 열린 모습은 아닐 것이다.

다른 사람의 말을 들을 때 당신이 취하는 기색에 신경 쓰지 않는다. 대단한 관찰자가 아닌 한 그는 아무것도 알지 못할 것이다. 만약 그 사람이 뭐라고 한다면, 진실을 고백하라. "저는 당신이 표현하는 것을 주의 깊게 보고 있습니다. 그리고 당신이 제게 하는 말을 진정으로 듣고 있습니다." 그 사람은 당신의 주의를 집중시킨 것에 몹시 기뻐할 것이다. 아주 드문 일인 것이다. 그리고 거짓말쟁이를 찾아낼 줄 안다고 으스대지 말라. 상대를 방어적으로 만들고 불신의 분위기를 만들 것이다. 당신의 새로운 능력에 대해 아무 말도 안 하는 것은 절대로 함구에 의한 거짓말이 될 수 없다. 각자는 자신의 비밀의 정원을 가질 수 있다

맥락을 고려하라

대화의 진행은 대화가 이루어진 맥락에 많은 영향을 받는다. 환경은 인간의 상호작용에 무시할 수 없는 영향을 준다. 커뮤니케이션을 해독하는 것은 분리된 방식으로 이루어질 수 없고 모든

코드를 고려해야 한다. 아주 종종 몸짓이 잘못 해석되는 것은 그것이 맥락을 고려하지 않고 해석되기 때문이다.

환경

상황과 주변장소는 아주 중요하다. 적대적인 환경에서는 모두가 신경이 곤두선다. 미국에서 재판의 배심원을 선정하는 일을 하는 조 엘런 디미트리우스는 법정이 적대적 환경을 조성한다는 사실을 아주 잘 의식하고 있다. 결국 그 안에서 취조를 받는 모든 사람들은 신경과민을 보이는데 그것은 거짓말의 증세와 쉽게 혼동되는 것이다. 따라서 그녀는 신경과민과 부정직성을 구별하기 위해 다른 기술을 동원하게 되었다. 비언어적 커뮤니케이션의 분야에서 맥락 밖에서 몸짓을 분석하는 것은 초심자들이 가장 많이 범하는 실수다. 따라서 대화가 끊길 수도 있는 소란스러운 장소에서 중요한 대화를 하는 것은 피하라. 조용한 장소를 택하고 만남을 준비하기 위해 긴장을 풀 시간을 갖도록 하라.

해독의 맥락

몸짓은 맥락 안에 놓여야 한다. 그것이 바로 시네골로지(synergologie)[25]에서 본 거시적 원칙이다. 신체를 전체적으로 관찰해야 하며 어느 한 부분에 집중해서는 안 된다. 예를 들어 발을 떠는 것은 보통 신경과민의 한 증상이다. 그러나 만약 방금 발톱에 패티큐어를 바른 여자가 그렇게 한다면 그 동작은 더 빨리 마르게 하기 위한 것일 뿐이다!

알랭 피즈(Allan Pease)는 그의 책에서 망설임 혹은 거짓말의 징후가 되는 몸짓의 예를 들고 있는데, 그것은 손을 입 앞에 갖다 대는 동작이다. 참가자들의 대화를 녹화한 세미나가 끝난 후 비디오가 방영되었다. 인터뷰 대상 중의 한 사람의 태도는 솔직하고 열린 모습처럼 보였다. 한 질문에 대한 대답 도중 그는 손을 자기 입 앞에 댔다. 세미나를 주관했던 피즈는 그의 몸짓의 이유를 물었다. 그는 자신이 두 대답 사이에서 망설였기 때문에 심사숙고했다고 받아들였다. 맥락을 고려하지 않으면, 그런 몸짓은 거짓말을 감추려는 것으로 보일 수도 있었을 것이다. 그런데 이외의 그의 몸짓은 개방성과 정직성을 표현하고 있었다.

팔짱을 끼고 있는 당신의 누나는 화가 나서 방어 태세를 갖추기 위해 신경과민이 되어 그럴 수도 있고 그냥 추워서 그럴 수도 있다. 그것은 맥락에서 알 수 있는 것이다. 거시적인 원칙을 기억한다면 당신은 그의 상태를 이해하기 위해 그의 얼굴, 다리, 상반신을 살펴볼 것이다. 또한 주위의 맥락을 기록할 것이다. 만약 방이 춥다면 화가 났는지 혹은 무언가 숨길 것이 있는지 물을 필요가 없다.

월터스의 일곱 가지 규칙

횡단 훈련을 수차례에 걸쳐 했다면 당신은 무엇을 관찰해야 하는지를 알기 때문에 다른 사람들이 당신에게 하는 말을 더 잘 해독할 수 있게 될 것이다. 거짓말을 탐지하는 방식에 관한 책은 많이 있다. 그러나 신중해야 한다. 몇몇 저자는 진행방식을 과도하게 단순화하는데 이것은 실패로 인도하기 때문이다.[26] 균형을 잃거나 주변사람을 거짓말했다고 잘못 비난하는 것을 피하기 위해 이 분야의 전문가인 스탄 월터스(Stan B. Walters)의 규칙을 소화했는지를 확인해야 한다. 몇몇 저자들은 이 규칙들 중 일부를 다른 이름으로 언급한다. 이 문제에 대해 약간 질서를 바로잡기 위해 함께 살펴보겠다.

항구성

어떠한 신호도 그것 자체로 누가 거짓말했는지를 규정해주지 못하기 때문에 한 사람의 보통 행동을 미리 확인하지 않으면 거짓말을 탐지할 수 없다. 각자는 자신이 즐겨 쓰는 단어와 몸짓이 있다. 몇몇은 계속 쉴 새 없이 요란한 몸짓을 한다. 그들의 항구적 성향은 요란한 몸짓이다. 어떤 이들은 덜 움직인다. 그들의 경우 요란한 몸짓은 중요한 모습인데 그들의 일상적 행동을 벗어나는 것이기 때문이다. 항구성은 일상적 행동에서 벗어나는 것을 규정해줄 수 있는 척도이다. 우리가 거짓말할 때에는 진실을 말할 때와는 다소 다른 모습을 보인다. 그 차이는 모르는 사람이 알기 힘들 만큼 아주 미세할 수 있다. 그러나 우리 행동의 항구성을 알고 있고 우리를 주의 깊게 관찰한 사람이라면, 무언가 다르다는 것을 알게 된다. 아이가 어머니에게 거짓말하기 힘든 것은 바로 이 때문이다. 어머니는 아이의 행동방식을 너무나 잘 알고 있어서 어떤 변화도 즉각 감지할 수 있다. 한 사람의 행동방식을 밝히기 위해서는 그를 관찰해야 한다. 그가 흥미 있어 하는 것을 말하도록 하고 어떻게 자신의 관심을 나타내는지를 관찰하라. 처음에는 여러 징후들에 둘러싸여 어찌할 바를 모를 수 있다.

조 엘런 디미트리우스는 항구성 대신에 '패턴'에 대해 말한다. 그녀에 따르면 어떤 사람도 완전히 항구적이지 못하고, 행동의 변이에도 불구하고 여러 모델이 드러난다는 것이다. 그녀의 요령은 한 사람의 돌출된 특징을 찾는 것이다. 그의 표현방식에서 무엇이 두드러지는가? 그 사람을 어떻게 서술할 것인가? 그 사람에게서 어떤 것이 주목할 만한 것인가. 그의 신경질적인 미소? 자주 하는 어깨를 으쓱하는 행동? 눈길을 피하는 경향? 처음 본 것을 통해 첫인상을 만든다.

그렇지만 사회심리학에서 말하는 '우선 효과'에 주의해야 한다. 이 효과는 추후로 반대 사실이 나타나도 우리의 첫인상에 머무르려는 경향을 말한다. 만약 이웃 여자의 첫인상이 정직한 것으로 생각되면 우리는 그 뒤에 어떠한 거짓말 징후도 지각하지 못할 위험이 있다.

『시네골로지』의 저자인 필립 튀르셰(Philippe Turchet)는 한 사람의 열린 동작 혹은 닫힌 동작을 우선 주목해야 한다고 주장한다. 그것은 그 사람이 당신과 함께 있고 싶어하는지 아닌지, 그 사람이 대화에 흥미가 있는지 지루해하는지를 알 수 있는 좋은 방법이다. 몸짓 언어에 대해 다룰 다음 장에서 이 방법에 대해 더 많이 살펴볼 것이다.

변화들

  정상적이고 열린 커뮤니케이션의 흐름에서는 모든 언어적, 비언어적 기호들이 일치한다. 감정을 속이고, 숨기고, 변조하려는 모든 시도는 시스템의 균형을 무너뜨리고, 커뮤니케이션의 조화를 깬다. 일단 대화 상대의 항구성을 규정한 뒤에는 변화하는 것을 관찰하라. 새로운 특성이 나타나는가? 항구적 행동이 갑자기 멈추는가? 예들 들어 수다스럽지 않은 사람이 당신의 어떤 질문에 장황하게 대답할 수 있다. 반대로 끊임없이 몸짓을 하는 사람이 갑자기 동작을 멈출 수도 있다. 일반적으로 이러한 변화들은 의미가 있는 것들이다. 음성 어조, 얼굴 움직임, 몸짓 등에서 주목할 만한 변화가 생기면 생각이나 감정에 변화가 생겼다는 것을 나타낸다.

  중요한 것은 변화가 생기기 전의 말에 주의를 기울이는 것이다. 신체는 질문이나 언급과 같은 자극에 대해 반응하기 전에 3~5초가 걸린다. 변화는 이미 말해진 것에 대한 반작용이다. 만약 그 이전의 말과 관련을 맺지 못하고 얼굴 모습의 변화를 관측했다면 그 변화를 적절하게 해석하지 못할 것이다. 따라서 대화에 전적으로 참여하는 것이 중요하다. 필립 튀르셰가 주장한 동시성의 규칙을 적용하라. 무의식적인 메시지를 그것이 만들어지는 순간에 읽는 것이다. "우리가 보는 것을 즉시 해독하는 것이 좋다."[27] 쉽지 않은 일이지만 인내심을 발휘하면 그렇게 할 수 있을 것이다. 거짓말쟁이들이 등장하는 영화를 보면서 연습할 수 있다. 우선 그냥 한 번 보고 나서 다음에는 소리를 꺼 놓고 비언어적 언어에 집중하면서 다시 본다. 다른 사람들이 당신에게 하는 말을 해독하고 그 비일관성을 탐지하고 싶으면 횡단 훈련을 종종 하라.

행동의 다발

인간 커뮤니케이션은 언어적, 비언어적 행동들의 복합적인 상호작용이다. 각각은 생각이나 감정과 같은 내적 자극 혹은 다른 이의 질문이나 반작용 같은 외적 자극에 대한 반응이다. 시선 피하기 같은 어느 개별적인 한 가지 행동에 집중하기보다 행동들을 다발로 묶는 것이 좋다.

각자는 스트레스를 받을 때 혹은 평온할 때, 진실을 말할 때 혹은 거짓을 말할 때에 따라 다른 행동 목록을 보유한다. 어떠한 구체적인 몸짓도 거짓말의 특징이 되지 않는다. 아주 간단한 일이다! 어떤 이에게서는 거짓말을 드러내는 징후가 다른 이에게서는 전혀 나타나지 않을 수 있다.

당신에게 거짓말하고 있다고 의심하는 사람의 시선에 집중하고 있다면, 그 사람이 당신의 주의를 끄는 동안 그 사람의 손짓은 주목하지 못할 수 있다. 비록 그것이 솔직성을 증명할 수 있다고 해도 어느 단일한 행동에 근거하여 정직성의 진단을 내리는 함정에 빠져서는 안 된다. 인간 행동에 있어서 어느 것도 절대적이지 않다.

행동의 다발을 찾아내도록 하라. 동일한 방향을 지향하는 여러 특성들을 찾아내는 것이 핵심이다. 그러면 속을 위험이 거의 없이 제대로 된 방향을 잡았다고 결론지을 수 있다. 이 단계에서 흔한 실수를 범하지 말라. 즉 상당한 묶음 다발을 찾아냈다고 생각하고 정보 수집을 중단하는 일이다.

시간 안에서의 항구성

특별한 화제에 대해 항구적으로 반응을 보이는 것은 속임수, 거짓말을 나타내는 의미 있는 표지이다. 당신이 관찰한 행동의 다발이 항구적으로 나타나는가? 즉 민감한 화제가 거론될 때마다? 어떤 화제(예를 들어 남편의 늦은 귀가의 이유)를 당신이 거론할 때 항구성의 변화가 다발로 일어난다면, 그가 솔직하지 못하고 거짓말하고 있을 확률이 매우 높아진다. 그러나 아직 확실한 것은 아니다. 고려된 항구성을 기반으로, 당신은 반응이 우연적이었을 가능성을 제거해야 한다.

어느 기간 동안 거짓말쟁이는 민감한 화제에 대해서는 항상 강하게 반응하는 경향이 있다. 그에게서 같은 변화가 규칙적으로 일어나는 것은 별로 유용하지 않다. 그가 거짓말하고 있다고 당신이 의심하는 민감한 화제를 거론할 때마다 그 변화가 다발로 생기면 그것으로 충분한 것이다. 예를 들어 동요, 시선 피하기, 코 긁기 등이다. 이런 일이 벌어지면 일상적인 화제로 갔다가 일어나는 일을 주의 깊게 관찰하면서 다시 민감한 화제로 돌아온다. 같은 변화가 다시 함께 일어난다면 혹은 다른 행동의 다발이 나타난다면, 대화 상대가 당신에게 거짓말하고 있을 확률은 대단히 높다. 그러나 아직 그를 비난하지는 말라! 아직 더 기다려라.

선입견

만약 당신이 거짓말 탐지기를 효율적이고 엄밀하게 사용하고 싶다면 열린 정신으로 대화에 임하라. 근심과 편견을 갖고 하는 관찰은 유용하지도 않고 신뢰할 수도 없다. 상대가 입을 열기도 전에 당신에게 거짓말한다고 믿고 있는가? 이 경우 당신은 재판 도 없이 판결하는 판사와 같다. 만약 당신의 선입견이 다른 사람 이 거짓말했다고 믿게 한다면 당신은 당신의 믿음을 확신하게 하 는 몸짓만을 보게 될 것이고, 그것은 당신의 의심을 증폭시키고 더 의혹에 차게 한다. 이것이 바로 심리학자가 말하는 선별적 듣 기이다. 이런 유형의 듣기는 우리가 얼마나 우리의 생각과 행동, 정치성향, 가치 등을 변화시키기가 어려운지를 설명해준다. 우리 는 우리의 믿음에 반하는 모든 것들을 걸러내고 각자의 위치에 굳건히 진을 치고 있는 것이다.

만약 상대가 거짓말의 징후를 드러내면, 선입견이 당신의 관찰 을 기울게 해서 결론을 어긋나게 하지 않도록 아주 신중할 필요 가 있다. 불신에 근거한 관계는 곧 장애가 생긴다. 신뢰는 친밀한 개인관계에서 불문율이란 것을 잊어서는 안 된다. 사회관계에서 는 덜 치명적이다. 더구나 잘못 비난받는 것보다 더 나쁜 것은 없 다. 이런 경험이 있었을 것이다. 내가 당하기 싫은 것을 남에게 할 이유는 없다.

선입견은 다른 방향으로도 작동한다. 상대가 정직하고 거짓말 하지 않는다고 확신하고 있으면 당신은 절대로 거짓말이 생기는 것을 볼 수 없을 것이다.

전염

당신이 누군가와 말을 하고 있을 때, 당신은 그 사람에게 자극을 제공한다. 당신의 행동이나 반응 중에 몇몇이 그의 행동에 영향을 끼칠 수 있다. 따라서 다른 사람에게서 추론할 수 있는 것을 알기 위해 얻어낸 것을 이해하기 위해서는 자신을 의식하고 있어야 하고, 자신을 아는 법을 배우는 것이 중요하다.

당신의 행동방식이 관찰 중인 상황에 영향을 미칠 수 있다는 것을 잊지 마라. 만약 묶음 방식으로 나타나는 변화를 관찰하게 되면, 상대가 대화에 반응한 것인지 혹은 당신 자신의 행동에 반응한 것인지를 자문해보라. 만약 당신의 아이가 당신에게 거짓말하고 있다고 의심을 한 나머지 당신이 공격적, 회의적이거나 혹은 받아들여 주는 태도를 취하면, 틀림없이 그의 대답은 거론된 화제에 대한 자신의 감정만큼이나 당신의 태도도 반영할 것이다.

이상한 이야기

발터는 비싼 향수 한 병을 부인에게 선물했다. 그가 출장 간 어느 날 부인은 향수병의 반이 비어 있는 것을 발견하게 되었다. 그녀는 도대체 누가 자기 향수를 써버릴 수 있었는지를 자문했다. 고양이가 지나치는데 향수 냄새가 코를 찔렀다! 발터 부인은 범인을 알아내고 싶었다. 남편은 여행 중이었으므로 일단 배제하고, 자기 딸들을 불러서 누가 고양이에게 향수를 뿌렸는지를 물었다. 둘은 모두 모른다고 잡아뗐었다. 어머니는 둘 중 하나가 거짓말을 하고 있다고 했다. 아이들은 계속 부인했다. 그러자 발터 부인은 범인이 자백하지 않으면 둘 모두의 볼기를 때려주겠다고 말했다. 그러자 작은 녀석이 '범행'을 털어놓았다. 그녀는 텔레비전 보기와 몇 가지 다른 놀이를 금지하고 2주 간 방에서 나오지 못하게 하는 벌을 주었다. 이렇게 수사를 마무리한 며칠이 흐른 뒤, 큰 아이가 하는 말을 듣고 어머니는 큰 딸이 범인이라는 사실을 눈치채게 되었다. 엄마의 추궁에 그 아이는 재미삼아 고양이에게 향수를 뿌렸다고 인정했다. 발터 부인은 작은 아이에게 가서 무슨 이유로 거짓말했는지를 물었다. 작은 아이는 말했다. "엉덩이를 맞는 것보다는 갇혀 있는 것이 나아요." 망연자실한 어머니는 큰 아이에게 동생이 자기 대신 벌을 받는 것을 그냥 내버려둔 이유를 물었다. "내가 한 일을 자기가 했다고 할 정도로 바보짓을 하는 것은 동생 잘못이죠." 동생의 경우는 명확하다. 그의 반응은 아이들이 실토하도록 하기 위해 발터 부인이 선택한 부적절한 방식 때문에 '오염'된 것이다.

역－확인

결론을 내리기 전에 당신의 관찰결과를 재검토하고 자료를 역－확인해야 한다. 결정적인 실수는 당신의 주변사람들을 그릇되게 비난하는 것이다. 이유 없이 상대를 신뢰하지 않고, 그의 정직성에 잘못된 판단을 하는 것만큼 관계를 파괴하는 것은 없다. 주위 사람을 잘못 비난하기보다, 당신이 주목하는 것이 무엇에서 비롯된 것인지를 알기 위해 그의 비일관성을 찾아내는 일을 확실히 하라. 그것이 바로 역－확인이다. 대화를 마치고 곧바로 기록하라. 대화 중에는 절대로 기록해서는 안 되는데, 그 이유는 상대가 모욕감을 느낄 수도 있어서 당신의 말을 들으려 하지 않을 뿐만 아니라, 대화 자체를 심각하게 오염시킬 위험도 있기 때문이다. 더구나 당신은 관찰과 기록을 동시에 할 수는 없다. 대화가 끝난 후 다음의 질문을 해보라.

역-확인 테스트

1. 내 대화 상대의 가장 항구적인 행동은 무엇인가?
2. 어떤 변화를 관찰했는가?
3. 내 대화 상대가 그의 일상적 항구성에서 벗어나면서 동시에 나타나는 일관된 변화는 무엇인가?
4. 내가 그의 대답을 오염시킬 수 있었는가? 어떻게?
5. 선입견을 갖고 있었는가? 관찰 도중 의심스러운 것을 상대에게 유리한 방향으로 생각하도록 나의 의심을 제쳐놓을 수 있었는가?
6. 진실보다는 거짓을 듣기를 선호하는 상황이었는가?
7. 그가 정직한지를 알고 싶은 동기는 무엇인가?
8. 목적이 무엇인가?
9. 나의 의심이 근거가 있는 것으로 드러날 때 내가 잃을 위험이 있는 것은 무엇인가?
10. 그가 거짓말한 것이 밝혀지면 나는 무엇을 하게 될 것인가?

진정한 테스트는 거짓말을 탐지해내는 것이 아니라 당신이 진실을 떠안고 살아갈 수 있겠는가 하는 것이다. 상대가 거짓말하는 것을 밝혀낸다면 결정을 내리고 행동으로 옮겨라. 그 사람에 대해 더 이상 기대하지 않기로 결심

할 것인가? 고백을 강요할 것인가? 그것은 위험이 따른다. 왜냐하면 아무도 거짓말쟁이로 비난받는 것을 좋아하지는 않으니까. 반면에 상대가 당신에게 실제로 어떤 선택권도 남겨주지 않는 극단적인 상황이 있다.

당신의 최초 관찰을 역-확인한 뒤에도 불확실한 상태라면 상대에게 유리한 방향으로 생각하라.

결정하라

다른 사람들의 거짓말을 탐지하고 그들을 명확하게 보는 당신의 능력은 그들을 이해하고 그들의 행동을 예견하기 위한 기반이 된다. 그러나 그러기 위해서는 열린 정신 상태가 되어 있어야 한다. 감정 개입, 두려움, 부족감, 방어적 태도는 다른 사람을 옳게 '읽는' 일을 방해한다. 따라서 결정을 내리기 전에 인내심을 가질 필요가 있을 것이다.

당신의 결정의 질은 당신이 수집하게 될 정보의 질에 달려 있다. 정보가 많고 믿음직할수록 결정은 적절할 것이다. 당신이 아이, 배우자, 동료 혹은 정비업자가 당신에게 거짓말을 하면 당신이 할 행동을 결정하라. 당신이 거짓말을 탐지할 수 있다고 으스대는 일은 어떤 일이 있어도 피해야 한다. 그렇게 행동하는 것은 다른 사람이 의심하게 만드는 가장 좋은 방법이고, 다른 방식으로 거짓말하도록 부추기는 것밖에는 되지 못한다. 그들의 본심을 드러내는 몸짓을 지적하면 다음부터는 그 동작을 하지 않을 것이다. 더구나 당신은 건강한 관계를 해치는 불신의 분위기를 만들게 된다.

당신의 직관이 가장 좋은 레이더!

널리 퍼져 있는 믿음에 따르면 직관은 대개 정상적인 영역 밖에 속한다고 생각한다. 그런데 많은 비언어적 커뮤니케이션 전문가들은, 모두가 직관을 갖고 있으며 오감과 마찬가지로 사용할 수 있다고 입을 모은다. 직관은 몇 사람에게만 국한된 능력이 아니라 많은 사람들이 진정으로 이해하지 못하는 정신적 장치의 일부이다. 직관이라는 레이더를 잘 이해하게 되면 그것을 더 자주, 더 효율적으로 사용할 수 있다. 우리는 매일같이 다소간 무의식적으로 수많은 정보를 축적한다. 우리의 정신은 그것들을 분류하고, 범주화하고, 필요에 따라 하나를 우리에게 선별해주는 일에 명수이다. 직관은 종종 새로운 정보와 이전 것의 교차를 근거로 한다. 우리가 의심을 품게 하는 행동방식이 재현하는지를 보는 것이다. 디미트리우스에 의하면 직관으로 이끌어주는 것은 호기심, 초점, 관찰, 연역 등이다.

우리가 다른 사람들에게서 발산되는 것에 대해 부정적으로 느끼거나 혹은 우리 몸이 불편함의 신호를 보낼 때, 우리는 그 이유를 묻는 경우가 드물다. 더구나 만약 무언가 거짓말 같은 인상을 주고 정상이 아니라고 우리 안의 작은 목소리가 속삭이면 그 목소리가 아마 옳을 것이다. 그것을 들어라! 당신의 몸이 마음 속 깊이 간직된 반응을 보이면 그것을 무시하지 마라. 그것에 주의를 기울여라. 거짓말을 밥 먹듯 하는 해로운 사람이 있으면, 당신의 몸은 그것을 느낀다. 당신을 보호하기 위해 당신에게 알려주려는 시도를 하는 것이다. 당신의 몸은 당신 편이다. 당신의 불편함을 소화불량이나 모든 다른 구실에서 찾으려 하지 말고 당신의 몸이 자신의 방식으로 표현할 수 있다는 것을 잊어서는 안 된다.

한편, 우리는 분별 없이 우리의 직관에 귀를 기울이는 함정에 빠지는 수가 있다. 그러면 직관이 우리에게 무슨 이유로 말하고 있는지를 알아보려 하지 않은 채 직관이 우리의 행동을 암시하도록 내버려둔다. 물론 위험한 상황에서는 가장 현명한 것이다. 그러나 평상시에는 행동하기 이전에 우리의 직관이 우리에게 하는 말에 주의를 기울여야 한다. 우리가 좋은 직관이라고 믿은 것 뒤에 나타나는 두 번째 생각으로 눈을 돌리는 것은 영감적인 결정을 하지 못하고 기회를 놓치는 결과를 낳을 수 있다. 쓸모없는 이야기만을 늘어놓는 모르는 사람을 만났다고 가정해보자. 그를 피하는 것 대신에 당신은 당신의 직관이 움직이도록 약간 멈춘다. 그러면 그 사람이 당신의 버릇 없던 옛 동료를 떠오르게 한다는 사실을 알게 될 것이다. 당신의 불편함의 이유를 알았으므로 당신은 그 사람에게 돌아와 말을 건넬 수 있다. 누가 알겠는가? 그 사람이 귀중하고 존경심 있는 동료로 밝혀질지.

당신의 물략적 불편함을 해독하라

이유를 모른 채 누군가 당신에게 거짓말을 했다는 직감을 가졌던 적이 분명히 있을 것이다. 대부분의 사람들은 무언가 잘못 되고 있다는 것을 알려주는 명치 끝에 느껴지는 압박감 혹은 다른 경고 징후에 신뢰를 보이지 않는다. 왜 우리의 직관에서 떨어지려 하는가? 감정에 상처를 받을까 두려워서이다. 우리가 사물을 정면으로 마주볼 때, 이웃 여자가 비록 우리에게 인사를 하곤 있지만 우리를 달가워하지 않는다는 것, 여자 친구가 질투심을 감추고 있다는 것 혹은 우리를 유혹하는 남자가 실은 진정으로 사랑하는 것은 아니라는 것 등을 알게 된다. 그리고 그것이 우리를 아프게 한다. 우리는 종종 거부되는 고통을 느끼지 않으려고 우리 감정을 둔하게 한다. 그리고 결국 다른 사람들이 우리에게 거짓말할 때 더 이상 반응을 보이지 않게 된다.

우리가 어떤 결정을 내려야 할 때 — 예를 들어 직원을 채용하거나 한 사람을 사귀려 할 때 — 디팍 쇼프라가 권하는 것처럼 당신 몸의 감각을 신뢰해야 한다. "몸은 편안함과 불편함이란 두 가지 유형의 감각을 느낀다. 어떤 선택을 할 때 당신 몸의 소리를 들어라. 몸에게 물어보아라 '만약 내가 이 결정을 내리면 무슨 일이 생길까?' 만약 몸이 불편함의 메시지를 보내오면 당신의 선택은 좋은 것이 아니다."[28] 당신의 직관이 당신에게 알려주는 이유를 이해하고 싶다면 이 책을 계속 읽어라. 이 책은 인간 커뮤니케이션의 네 요소와 그 코드 — 몸, 얼굴, 목소리, 말 — 를 해독할 수 있도록 도와줄 것이다.

제 4 장

}

신체 코드 :
몸은 거짓말하지 않는다

유일하게 솔직한 언어는 바로 우리 몸의 언어이다.

알랭 피즈(ALLAN PEASE)

당신은 때때로 단어들이 당신의 느낌을 표현하기에는 너무 꽉 조이는 코르셋처럼 느끼지 않는가? 그럴 때 당신의 몸이 바통을 이어받지 않는가? 격분의 몸짓이 무능력의 고백을 대체한다. 애무가 당신의 애정을 모두 표현한다. 춤동작과 환희의 도약은 당신의 감사함을 외칠 수 있다. 알고 있는 단어들보다 몸은 우리의 생각과 감정을 밝혀주는 더 기본적인 도구이다. 어린 유년기부터 우리는 '올바르게' 행동하기 위해 사회화된다. 주변사람을 기쁘게 하고 비난을 피하기 위해서 우리 모두는 우리의 생각을 변형시키고, 감정을 숨기고, 거짓말하는 것을 배운다. 그러나 몸은 거짓말하지 않으며 그 언어를 해독하면 몸짓에 일치하지 않는 거짓 이야기들을 탐지할 수 있다.

이 장에서는 몸 언어에 대해 개략적으로 살펴본 뒤, 가장 신뢰할 수 있는 몸짓인 발과 다리의 움직임을 비롯한 여러 몸짓의 의미를 탐구하겠다. 그런 뒤 손, 팔을 거쳐 어깨까지 올라가겠다. 머리와 얼굴은 다음 장에서 다룰 것이다. 그리고 매력과 사랑을 드러내는 신체 언어를 다루는 것으로 끝낼 것이다. 그 이전에 다음의 테스트를 통해 주변사람들의 신체 언어에 대해 올바른 의식을 갖고 있는지를 알아보자.

테스트 : 당신은 신체 언어에 주의 깊은가?

최근의 대화를 돌이켜보고, 친구, 배우자, 아이 혹은 동료 등 대화 상대의 신체 언어를 상기해보라. 최근에 대화를 나눈 다른 사람을 대상으로 테스트를 반복할 수 있다. 각 질문에 대해 '예', '아니오', '모르겠음'을 종이에 쓴다.

1. 말하거나 들을 때 당신에게 몸을 기울이는가?
2. 말하거나 들을 때 당신으로부터 몸을 뒤로 하는가?
3. 팔짱을 낀 채로 있는가?
4. 자리를 지키지 못할 정도로 몸을 움직이는가?
5. 앞뒤로 몸을 흔드는가?
6. 발끝으로 두드리는가?
7. 손가락 끝으로 톡톡 치는가?
8. 당신의 신체 언어를 따라하는가?
9. 거의 움직이지 않는 채로 있는가?
10. 앉아 있다면 의자에 털썩 주저앉아 있는가?
11. 다리를 완전히 벌리고 있는가?

12. 당신에게 말할 때 머리와 몸을 (옆으로) 돌리는가?

13. 정면을 바라볼 때 그의 어깨가 평행이 되는가?

14. 그의 두 발이 땅에 놓여 있는가?

15. 한 발로 지탱하는가?

16. 적어도 한 발이 옆구리 쪽으로 뒤집혀져 있는가?

17. 깃이나 넥타이가 풀어져 있는가?

18. 많이 숨 쉬는가?

19. 어깨를 올리는가?

20. 큰 몸짓을 하는가?

21. 말할 때 자신에게 손을 대는 경향이 있는가?

22. 말할 때 손을 감추는 경향이 있는가?

23. 주먹을 쥐고 있는가?

24. 손을 접고 있는가?

25. 손바닥을 보이는가?

26. 보석이나 머리카락을 만지작거리는가?

27. 엄지를 돌리거나 반복적인 손동작을 하는가?

28. 앉거나 서 있을 때 발이 당신을 정면으로 향하는가?

29. 앉았을 때 발목을 꼬는가?

30. 다리를 꼬는가?

'예', '아니오' 대답이 많을수록 당신은 타인의 신체 동작을 더 많이 의식하고 있는 것이다. 대답을 못하는 것이 많을수록 주의를 덜 기울이는 것이다. 대화를 한 뒤에 다시 연습을 해보라. 무엇을 응시해야 하는지를 알기 때문에 당신의 점수가 올라갈 것이다.

신체 언어의 기초

몸은 거짓말하지 않지만, 직업적 거짓말쟁이는 자신의 몸을 통제해서 거짓말 탐지를 더 어렵게 만드는 법을 배울 수 있다. 그러나 몸 전체를 통제하는 것은 누구에게도 불가능하다. 부정직할 때에는 몸짓과 행동들이 분할된다. 4중주로 연주되는 음악처럼 조화로운 하나를 형성하지 못하고 커뮤니케이션은 불협화음을 만든다. 이것이 주의 깊은 관찰자에게 무언가 잘못되고 있다는 것을 표시해주고 있는 것이다.

1960, 70년대에 동물과 인간 커뮤니케이션에 관해 수많은 책을 쓴 비교행동학자인 데스몬드 모리스(Desmond Morris)는 신체 자율운동이 인간 심리에 접근하기 위해 가장 신뢰할 수 있는 것이라고 생각했다. 땀 흘리기, 붉어지기, 숨쉬기 등은 사실 우리 의지와 독립되어 있다. 그런데 거짓말은 땀 흘림과 가려움증을 유발한다고 그는 주장한다.

시네골로지 학자 필립 뛰르셰에 의하면, 단어로 말해진 것과 몸으로 말해진 것 사이에 대립관계가 존재하는 경우에 나타나는 미약한 가려움증은 불화 혹은 욕구를 표현한다. 당신에게 말하는 사람이 날이 시원한데도 넥타이를 푼다면 그것은 아마도 거짓말을 하기 때문에 몸을 긁고 싶어서일 것이다! 생각해보라. 그렇다 해도 편집적일 필요는 없다. 그가 넥타이를 늦추거나 깃을 풀어 헤칠 때 그가 말한 것을 마음속에 기록하라. 그 사람이 거짓말을 하지 않으면서도 불편함을 느꼈을 수도 있다. 혹은 그의 셔츠 깃이 너무 조일 수도 있다. 맥락을 잊어서는 안 된다.

모리스는 신뢰성의 단계에 따라 언어 코드와 비언어 코드를 분류했다. 얼굴에서 가장 멀리 떨어진 부분은 우리의 시선과 의식을 벗어난다. 따라서 가장 덜 통제될 수 있다. 결국 몸의 모든 부분 중에서 발과 다리가 가장 솔직하다. 그 다음은 몸통 움직임이고, 그 다음은 여러 몸짓, 그리고 손짓은 가장 통제가 쉽고 혹은 적어도 감출 수 있다. 얼굴 표현은 아마도 더 쉽게 가장할 수 있다. 말은 가장 신뢰성이 떨어진다. 모리스의 단계에는 목소리가 빠졌는데, 그것은 얼굴과 말 사이에 놓일 수 있을 것이다. 손의 연장선에 팔과 어깨를 포함시키겠다. 이것들은 얼굴에서 가깝기는 하지만 보지 않으며, 따라서 볼 수 있는 손에 비해 더 신뢰성이 높다. 따라서 다음의 단계를 제시할 수 있다.

신체 표현 영역의 신뢰도 단계 (높은 것에서 낮은 것으로의 순서)
신체 자율 동작
발과 다리 움직임
몸통 움직임
어깨, 팔, 손 움직임
얼굴 표현
목소리
말

우리 모두는 거짓말이나 혹은 다른 바람직하지 않은 특성 즉 나쁜 기분, 슬픔 등을 감추는 법을 배웠다. 몇몇 신중한 사람에게서는 신체 언어가 부정적인 감정을 드러내는 유일한 것이 된다. 사

회에서는 당신이나 주변사람들을 위해 당신의 진정한 감정 표현을 유보할 것을 기대한다. 의심이 가는가? 다음번에 이웃 사람이 당신에게 잘 지내는지 인사하면 잘못 지낸다고 대답하라. 그리고 그의 비언어적 반응에 주의를 기울여라. 적어도 그가 당신을 더 알려는 욕구가 있지 않는 한, 틀림없이 당신은 폐쇄적이고 불편한 몸짓을 보게 될 것이다.

당신의 배우자, 아이, 친구까지도 당신을 근심하지 않게 하려고 때때로 거짓말한다. 반면에 신체 언어는 사람이 느끼는 감정과 그의 성격을 드러낸다. 몸은 우리를 배반한다. 왜냐하면 거짓말을 하지 않기 때문이다. "진실성은 들리기보다 더 잘 보인다"[29]고 알랭 피즈는 말한다.

습관적이고 직업적인 거짓말쟁이라도 신체 언어를 걸러내는 사람은 거의 없다. 그들은 자신의 감정이 몸을 통해 표현된다는 것을 알고 있기 때문에 이것에 대비한다. 그들은 책상 뒤에서 당신에게 말한다. 계속 솔직한 태도를 보이는 자신의 다리와 발을 숨기기 위해서다. 혹은 다른 일로 분주하게 움직이면서 당신에게 거짓말한다. 운전, 설거지, 바느질, 기술자라면 엔진수리 등을 하면서. 그들은 이렇게 손을 사용하면서 손이 자신을 드러내는 것을 피한다. 정치인들은 손을 통제하기 위해 종종 그들이 말하는 탁자 위에서 손을 마주 잡는다.

어떤 발로 춤을 출지를 알라

우리의 시야 범위에서 멀리 떨어져 있기 때문에 우리는 나와 상대의 발을 덜 의식한다. 이러한 이유로 우리는 발을 덜 통제한다. 따라서 발은 몸에서 가장 솔직한 부분이다. 발은 그 사람의 정서적, 인지적 상태를 진정으로 반영한다. 우리는 말할 때 우리의 손과 팔을 본다. 우리는 대화 상대의 눈을 응시한다. 특히 욕구를 느낀다면, 때로는 입을 보기도 하고, 머리에서 발 끝까지 훑어보기도 한다. 우리는 자신의 얼굴을 보지는 않는다. 그러나 매일 거울로 보기 때문에 우리 마음속에 모습이 있으며 그것을 통제할 수 있다. 그러나 발은? 발동작을 억제하려고 생각하는 사람이 누가 있겠는가? 다른 사람의 발을 보려는 사람이 있겠는가? 그러나 발은 정보로 가득하다. 다리도 마찬가지다.

정직성, 부정직성 혹은 은폐 등과 마찬가지로, 흥미, 권태, 도피나 싸움 욕구, 절제, 개방성, 폐쇄성 등을 신체 하부는 거짓말하지 않는다. 그런데 어떠한 몸짓도 반드시 거짓말한다는 것을 말하기에 충분하지 않으므로 다리와 발을 떠는 것이 필연적으로 거짓말을 나타내는 것은 아니다. 그 사람이 단순히 자신을 위해 무언가를 간직하거나 혹은 정보를 일시적으로 보존하고 싶은 것일 수도 있다. 항구성 있는 행동의 다발을 관찰하는 것을 잊지 마라. 너무 국한되지 말고 하체 부분을 관찰하라.

"그게 발이야!"

우리의 발은 관심 끄는 사람을 향한다. 칵테일 파티 혹은 서서 대화하기 위해 둥그렇게 사람들이 모여 있는 장소에서 각자의 발이 어떤 방향을 향하는지를 세심하게 살펴보라. 우리는 때로 어떤 사람이 다른 곳으로 가지도 않고 아무 말도 안하면서 듣기만 하는 것을 의아해할 때가 있다. 그것은 다른 사람들이 그의 흥미를 끌기 위해 대화하고 있다는 것을 무의식적으로 그 사람이 알고 있는 것이다. 즉 모두의 발이 그 사람 쪽으로 향하고 있는 것이다!

만약 한 쪽 발이 출구 쪽을 향하고 있다면 그 사람은 머물기보다 가버릴 생각을 더 하고 있는 것이다. 그 사람이 아무리 당신의 말에 동의해주고, 지지의 표시로 머리를 끄덕인다 해도, 그의 발이 그의 말이나 머리보다 더 정직하다. 그가 문 쪽으로 슬쩍슬쩍 눈길을 돌리는지 관찰하라. 또한 그 사람이 누군가 도착하는 것을 초조하게 기다리는 것일 수도 있다. 질문 하나면 분명해질 것이다. "누굴 기다리세요?" 반대의 경우라면 당신의 대화 상대는 다른 곳에서 자신을 기다리고 있으며, 늦을까 봐 걱정한다고 털어놓을 수도 있을 것이다. 그러나 당신은 그를 이미 의심했는데, 왜냐하면 그의 발이 그의 떠나려는 의도를 당신에게 알려주었기 때문이다.

권태를 드러내는 다리

의자에 앉아 있을 때 다리를 앞으로 뻗는 것은 권태나 무관심을 몸으로 표현하는 방식이다. 등받이에 등 아래 부분을 밀착하지 않고 다리를 뻗는다. 더구나 그의 시선이 멍하게 딴 곳을 쳐다보고 있다면 아마 곧 하품도 하게 될 것이다. 당신의 이야기는 그의 흥미를 전혀 끌지 못하고 있으며 그의 입이 하는 말은 의미가 없다. 말 수 적은 청소년을 키우고 있다면 무슨 말을 하는지 잘 알 것이다! 더구나 그 사람이 팔짱을 끼고 있고, 주먹을 꽉 쥐고 엄지를 감추고 있다면 마음을 닫고 있는 모습을 보고 있는 것이다.

그 사람은 정보를 내놓지 않는 것이다. 당신에게 거짓말할 수도 있다. 속지 마라, 동시에 너무 경계심을 드러내서는 안 된다. 능란하고 섬세하게 확인하고, 역-확인하라. 그리고 전염이 항상 가능하다는 것을 잊어서는 안 된다. 당신이 거만하거나 공격적이 되면 상대는 조개처럼 입을 닫아버릴 것이다. 그가 거짓말을 한 것이 아니라 판단의 대상이 된 것을 느끼는 것이다.

회피하는 다리와 발

하체 부분의 언어가 변화하는 것은 도피 혹은 전투의 직관적 반응과 관련된다. 발과 다리는 도피하거나 싸우려는 억압된 욕구를 드러낼 수 있다. 다리로 두드리는 것은 분노(전투 욕구) 혹은 엄청난 초조(도피 욕구)의 표식이다. 누군가 다리를 꼬고 앉으면 그의 발을 보라. 박자에 맞춰 두드리는가 혹은 피스톤이 작동하는 모습을 닮았는가? 그 사람은 아마도 떠나고 싶은 욕구는 있지만 당신의 기분을 상하게 할까 봐 그러지 못하는 것이다. 발을 흔드는 것은 자기 안의 스트레스를 해소하려는 몸의 시도이다. 움직이는 속도가 증가하는 것은 스트레스, 분노 혹은 초조감이 증가하는 것을 의미한다. 텔레비전에서 토크쇼 같은 오락 프로그램을 시청할 때, 발을 잘 관찰해 보아라. 미국에서 한 유명한 사회자가 몇몇 출연자와 함께 할 때 발을 위아래로 흔드는 습관을 갖고 있었다. 나머지 그의 신체는 열려 있고, 침착했다. 단지 그의 발이 자신의 신경과민 상태와 다음 출연자로 넘어가려고 서두르는 것을 보여주고 있있다.

정직한 혹은 부정직한?

개성과 관련된 비언어적 커뮤니케이션 전문가인 릴리안 글라스는 솔직한 사람들의 신체 아래 부분을 관찰했다. 그들의 다리는 바닥에 놓여 있었고 무릎은 모아져 대화 상대를 향하고 있었다. 만약 다리를 교차하더라도 무릎이 정렬된 채라면 그는 정직한 사람이다. 그렇지만 만약 무릎이 아래위로 정렬되어 있지 않다면 그 사람은 자신에 대해 신뢰가 없거나 거짓말하는 것을 의미한다. 물론 그 위치만으로 거짓말을 드러내 보이는 것은 아니다. 그렇지만 어떤 특정한 사람을 만났을 때 항구적으로 나타나는 몸짓의 다발에 그것이 속한다면 당신은 하던 이야기를 (믿고) 진행시킬 수 있다.

정직한 사람이 서 있을 때 그의 발은 바닥에 잘 놓이고 대화 상대를 향한다. 이런 경우 당신 앞의 사람은 정직하고 개방적이며 안정된 한 사람이다. 반대로 그 사람의 체중이 발의 옆면이나 발 뒤꿈치에 놓인다면 그것은 그가 아마도 부정직한 사람이라는 것을 당신에게 알려주는 것이다. 당신이 그의 동작을 보는 순간에 그 사람이 당신에게 자신의 의도를 거짓말하거나 혹은 감추고, 정보를 내보이지 않을 확률이 매우 높다.

식당에서

여름 동안 나는 그리스 식당에서 혼자 식사를 하곤 했다. 그 기회를 이용해 내 주위 탁자에 앉은 커플과 가족의 신체 언어를 관찰하게 되었다. 나는 수없이 많은 권태의 표지들을 발견했고, 친한 사람들로 둘러싸인 사람들이 그 어울림을 즐기지 못하는 것을 보고 서글퍼졌다. 한 남자가 의자 아래 두 발을 발바닥을 보이게 놓고 있는 것을 보았다. 나는 이 특별한 위치에 대해 아는 바가 전혀 없었지만, 정직한 발은 바닥에 균형을 잡고 있다는 것을 기억해냈다. 나는 내 옆 테이블 남자의 발이 정확하게 같은 위치를 하고 있다는 것을 관찰했다. 그런 뒤 그는 발을 옆쪽으로 뒤집은 채로 발목을 교차했다. 이 두 경우에서 그들은 아내를 향해 서로 말을 하고 있었다. 그들이 무슨 말을 하는지는 주의를 기울이지 않았지만 아마도 그들이 완전히 정직하지는 않았을 것이라고 생각했다. 나는 그들의 발 위치를 따라서 해보고 무슨 느낌이 드는지를 알아보려 했다. 내 발은 그런 식으로 비틀어지질 않았기 때문에 내 자세는 아주 불편한 것이었다. 내 발목은 고통스럽게 당겨졌다. 이웃 탁자의 사람들은 아마도 불편함과 긴장을 느꼈고 그것을 발로 드러내는 것이라고 나는 생각했다. 어쨌든 그렇게 불편하게 되고 싶지는 않았다!

교차된 발목 : 억제의 기호

교차된 발목은 그 사람이 드러내길 원하지 않는 정보나 감정을 감추려 한다는 것을 나타낸다. 앉아 있는 사람의 발목이 의자 아래에서 교차되어 있고, 손을 꼭 쥐거나 입을 꽉 다무는 것 같은 폐쇄적 태도를 보인다면 그 사람은 자신이 느끼는 것을 표현하지 않는다고 추론할 수 있다. 알랭 피즈에 따르면 이러한 몸짓의 조합은 두려움이나 신경과민 같은 감정을 숨기기 위해 입술을 깨무는 것과 같은 것이다. 구직을 위한 면접에서 이런 신체의 위치는 어김없이 두려움을 표현한다. 면접자는 구직자가 편안하도록 그의 위치를 바꾸라고 권하는 것이 좋을 것이다. 한 가지 요령은 그가 위치를 변경하도록 하기 위해 무슨 핑계로든 일어나서 그에게 다가가는 것이다. 예를 들어 사진을 보여준다.

교차된 다리의 개방성과 폐쇄성

교차된 다리의 방향도 아주 많은 것을 나타낸다. 한 쪽 다리를 당신을 향해 교차한 것은 개방성을 표시한다. 당신에게 말하는 사람이 교차된 다리를 풀고 다른 방향으로 바꾼다면, 어느 순간에 그 변화가 일어나는지를 주목하라. 피의 흐름을 원활하게 할 필요에 의한 것이라고 말할 수 있지만 변화의 순간이 아무 의미가 없는 것은 아니다. 발 끝이 당신을 향하는지 혹은 반대 방향을 가리키는지에 따라 개방성과 폐쇄성을 보여준다.

가상적 경우, 고집 센 사람

엠마는 남편과 시골에서 주말을 보낼 계획을 짜고 있다. 그들은 소파에 앉아 그것에 대해 이야기한다. 다비드는 엠마 쪽으로 다리를 교차하고 있다. 떠나기 전에 집안일을 마쳐야 하고 청소기는 당신 담당이라고 그녀가 말하는 순간 그는 다리를 풀고 반대 방향으로 다리를 교차시킨다. 그의 다리는 그가 동의하지 않는 것을 나타낸다. 엠마는 자신이 더 많은 일을 한다고 강조하기 시작한다. "단지 청소기만 돌리라고 요구하는 것이에요"라고 그녀는 외친다. 다비드는 동의했지만 다리를 아래위로 흔들기 시작했다. 그것은 바로 초조함의 표현이다. 비록 동의하긴 했지만 그의 다리는 그것을 끝내려는 조급함과 반감을 드러내고 있다. "먼지 터는 것을 잊지 말아요"라고 그녀는 그에게 환기시켰다. 다비드는 교차시킨 다리를 풀었다. 그의 발은 문 쪽 방향을 가리킨다. 그는 슬며시 피해버리고 싶은 것이다! 직감적으로 그것을 느낀 엠마는 "만약 당신이 시간이 없으면 파출부를 불러요." 다비드는 발을 떠는 것을 멈춘다. 떨던 수족을 갑작스럽게 멈추는 것은 그 반대의 경우만큼 의미 있는 것이다. 다비드는 일어나서 부인 쪽으로 발을 고정시킨 뒤 유쾌하게 외친다. "정말 좋은 생각이야!" 그의 몸은 이제 그의 말과 조화를 이룬다. 솔직하게 말하는 것이다.

몸통의 굴절

당신은 대화에 흥미를 느끼면 상대 쪽으로 몸통이 기울고, 반대로 화제가 당신을 덜 사로잡으면 몸통이 멀어지는 것을 이미 느낀 적이 있을 것이다. 이 자발적인 몸짓은 말해주는 것이 많다. 같은 탁자에 있는 여자 친구가 등받이에 등을 기대고 앉아 있다면 나는 그녀가 내 말에 흥미를 잃고 있다는 것을 안다. 나는 그녀가 말을 하도록 질문을 던지거나 화제를 바꾼다. 왜냐하면 나는 그녀가 대화를 중단하기 시작할 것을 알기 때문이다. 몇몇 사람은 너무 자신에 빠져서 다른 사람의 권태 신호를 감지하지 못한다. 그들이 그냥 계속 말하는 동안 우리는 말을 듣는 표정을 짓고, 몸통은 등받이에 파묻고, 하품은 참고 있다. 그래도 예설 교육은 잘 받았으니까.

주의하라! 다른 사람 쪽으로 기우는 몸통이 항상 흥미나 매력을 말해주는 것은 아니다. 몇몇 경우에 이 동작은 통제, 지배 혹은 위협의 욕구를 나타낼 수 있다. 그것이 지배인지 매력인지를 식별하기 위해서는 목소리 어조, 시선, 얼굴 근육에 주의하라. 몸을 기울이기 바로 전에 한 말이 무엇이었나? 자신의 거짓말을 당신이 믿어주길 바라는 사람은 당신 쪽으로 몸통을 기울일 수 있다. 그러나 그의 몸짓은 경쾌함이나 사랑이 담겨 있지 않다. 위장이 뒤틀리거나 목이 답답해지는 것을 느끼면 긴장을 늦추지 마라. 당신의 직관이 물리적 불편함으로 당신에게 알려주는 것이다. 같은 순간에 나타나는 다른 징후를 포착하도록 주의를 기울여라.

그리고 만약 당신의 상대가 당신이 말하는 동안 앞뒤로 움직인다면, 그의 몸이 양면성을 표현하는 방식이다. 가버리고 싶지만 당신 마음을 상하게 하고 싶지 않은 것이다. 둘 사이에서 그의 마음이 움직이고, 몸도 따라서 움직인다.

신기한 어깨

우리 어깨는 고유한 삶을 부여받은 것 같다. 좌우로 흔들기, 으쓱하기, 밑으로 처지기 등이 신기하지 않은가? 어깨는 마치 괄호처럼 몇몇 단어에 뉘앙스를 준다. 때로는 감탄이나 의문 부호 역할을 하기도 한다. 당신에게서 돌아선 어깨? 그것은 마침표다. 움직이는 어깨는 반듯이 놓인 단어와 상반된다. 약하게 어깨를 흔드는 것은 기분이 좋은 것을 나타낼 수 있다.

움직이는 어깨, 매력적인 어깨, 위험에 빠뜨리는 어깨. 그것들을 바라보는 사람들에게 어깨는 많은 것을 드러낸다. 연루, 거부, 의심, 유혹, 회피, 의기소침.[33] 알아보는 사람에게 미소를 짓게 하는 이 우스운 어깨 앞에서 무감각하지 말라.

솔직한 어깨

대화 상대가 당신을 마주보고 말할 때 그의 어깨가 평행이 되는지를 관찰하라. 만약 그렇다면 적절한 정보 교환이 이루어진 것이다. 당신들은 둘 다 토론에 감정적, 정신적으로 참여한 것이다. 적어도 한 쪽 어깨가 당신에게서 돌아서면 그 사람은 차마 말로 표현하기 힘든 조심스러운 부분을 갖고 있는 것이다.

어깨 흔들기

만약 대화 상대이 양 어깨가 반대 방향으로 회전하거나 흔들리면, 그것은 그가 말하는 것과 상관없이, 그가 더 이상 연루되기 싫어한다는 것, 대화에 더 이상 참여하길 원하지 않는다는 것을 보여주는 것이다. 어깨 회전은 상대가 당신의 관점을 거부하는 대화의 순간에 일어난다. 또한 당신이 상대가 대화하고 싶어하지 않는 미묘한 화제를 거론하거나 민감한 부분을 건드릴 때에도 가능하다. 만약 그가 말하는 동안에 어깨 회전이 생기면 그것은 보통 자기 자신의 말에 대한 무의식적인 거부의 형태이다. 당신의 대화 상대는 자신의 대답에 완전히 몰입하고 있지 않거나 혹은 그가 말하는 것을 진정으로 믿지 않는 것이다. 거짓말이라고 결론 내리기 전에 다른 표지를 포착하려 해보라. 어떤 몸짓도 그것 하나만으로 거짓말을 의미하지는 않는다는 것을 잊지 마라. 발은 좋아하는 사람 쪽을 향하지만 어깨는 반대로 움직인다. 우리는 종종 무의식적으로 우리가 거부하는 사람이나 집단 쪽으로 어깨를 향한다.

어깨 으쓱하기

어깨 으쓱하기는 또 다른 형태의 거부이다. 일반적으로 대답을 모르거나 혹은 그것에 개의치 않을 때 어깨를 으쓱한다. 당신의 질문에 어깨를 약간 으쓱하면서 대답한다면 그 사람은 자신이 말한 것을 스스로 의심한다는 것이다. 그의 몸짓은 회피 혹은 거짓말의 표지이다.

나는 소파에 혼자 앉아 생각하거나 일기를 쓸 때, 때때로 내 오른쪽 어깨를 안쪽으로 회전하면서 으쓱하는 것을 알게 되었다. 그것은 그 어떤 상황이 내게 영향이 없다거나 그런 결말에 개의치 않는다고 내게 말할 때 이루어진다. 몸의 오른쪽은 사고와 논리의 장소인 왼쪽 대뇌 반구의 명령을 받기 때문에, 나의 어깨는 내가 그때 내 생각을 믿지 않는다는 것을 알려주는 것이다. 이 간단한 몸짓이 내가 나에게 거짓말한다는 신호를 보낸다! 따라서 내 기분을 인정하게 하고, 그 상황이 나를 난처하게 만든다거나 혹은 반대로 내가 그 상황에 아랑곳하지 않는다는 것을 받아들이게 한다. 당신의 어깨가 으쓱이는 것을 느끼게 되면 당신 자신에게 엉터리 이야기를 하고 있지는 않았는지 자문해보라.

폭포처럼 떨어지는 어깨

월터스가 '신체 폭포'라고 부른 어깨의 움직임은 거짓말쟁이가 고백을 시작하려는 순간에 발생한다. 우선 어깨가 갑자기 떨어진다. 그런 뒤 몸통 안으로 들어가려는 것처럼 보이고 마침내 앞으로 구부러진다. 이 일련의 동작들은 마치 폭포에서 물이 떨어져 내리는 것 같은 인상을 준다. 이러한 세 단계 몸짓은 의기소침한 것의 표식이지만 또한 강한 저항 뒤에 받아들이는 것도 표시한다. 이것은 거짓말쟁이가 자신의 거짓말을 당신에게 털어놓기 위해 노력하고 자신의 가식을 모두 드러내 보이지만, 당신은 계속 그의 말에 대해 의심할 때의 경우이다. 이런 방식으로 취조하는 것은 바람직하지 않은데 그것이 상호 신뢰를 무너뜨리기 때문이다. 아무도 나쁜 기분으로 자신을 드러내 보이고 싶어하지 않으며 거짓말했다고 비난받는 것은 더욱 더 싫어한다. 그러나 심한 경우(사기, 범죄 등)에는 거짓말했다고 의심되는 사람을 취조하는 것이 필수적이라고 할 수 있다.

어깨를 폭포처럼 떨어뜨리는 것은 거짓말쟁이가 고백하려는 순간이란 것을 말해준다. 이것과 의기소침한 상태를 구별하기 위해서는 그 사람이 머리를 약간 뒤로 젖히고 눈을 하늘로 향하는지를 관찰하라. 그렇게 자기 눈물을 참으려 할 수 있다. 그런 경우라면 그가 계속 버티고, 거짓말하는 것을 막기 위해 그와 맞서는 것을 무슨 일이 있어도 멈춰야 한다. 그의 몸이 당신의 관점을 받아들이는 것이다. 그러면 당신이 폭포처럼 어깨를 떨어뜨리는 행동에서 이미 읽은 것을 그 사람이 단어로 고백하는 것을 들어주기만 하면 되는 것이다.

손과 팔로 만들어지는 두루마리

두루마리를 펼치면 일련의 긴 글을 훑어볼 수 있다. 같은 방법으로 손동작들은 일련의 의미를 환기시킨다. 손과 팔의 언어에 관한 이 장에서는 그 의미들의 굴곡을 따라 전진해본다. 말이 손동작을 동반하는 것은 매우 자주 있는 일이다. 손은 단어의 의미를 눈에 띄게 하고, 악센트를 주고, 명확하게 한다. 손짓을 많이 하는 사람의 손을 묶어 놓으면 그 사람은 표현하는 데 어려워할 것이다. 그의 손은 잘 설명하고, 설득하고, 아첨하고 혹은 협박하는 데에도 필수적인 것이다. 우리가 말할 때 손은 시야 안에 있으므로 우리 손에 대해 더 의식을 하고 있으며 필요에 따라 더 쉽게 침묵하게 할 수도 있다.

손은 움직이지 않고 있을 때조차도 수다스럽다. 손은 모든 영역의 감정을 표현한다. 권태, 흥분, 기쁨 그리고 수많은 다른 감정들. 손가락으로 두드리고, 주먹을 쥐고, 팔짱을 끼는 것은 스트레스, 분노, 폐쇄를 나타낸다. 그 사람이 솔직하고 개방적인지, 반대로 숨길 것이 있는지를 손이 말해줄 수 있다. 팔의 가려움증까지도 긁고 있는 사람의 감정 상태에 관한 귀중한 정보를 제공한다.

다감한 손

많은 라틴 사회에서 손과 함께 자신을 표현하는 것은 관례이다. 여러 민족 중에서도 이탈리아와 그리스 사람들은 손 표현이 아주 풍부하다. 그러나 소속한 공동체가 어느 곳이든지, 몇몇 사람은 손을 좀더 많이 사용하면서 말한다. "손은 그 사람이 말을 하지 않고서도 자기 생각을 표현하는 통로가 된다."[34] 많이 움직이는 손은 여러 감정을 표현한다. 흥분, 환희, 결심 등. 릴리안 글라스는 이런 종류의 손을 '다감한 손'이라고 부른다.

솔직한 손

솔직한 손은 손바닥을 드러낸 손으로서, 숨길 것이 없다는 것을 보여준다. 손바닥을 보이는 것과 더불어 손가락은 펼쳐져서 수락, 수용성을 나타낸다. 솔직한 손을 보이는 사람은 상대에 대한 개방성, 흥미를 드러낸다. 주의하라! 만약 당신이 솔직하게 보이려고 손바닥을 드러내며 거짓말할 의도를 갖고 있다면 당신의 몸은 다른 방식으로 당신의 본심을 보여줄 것이다.

손등

손등이 상대 쪽을 향하면 폐쇄성을 나타낸다. 특히 다음 장에서 보겠지만, 손이 입 근처로 가 있으면 더욱 그러한다. 손이 보호용 방패 역할을 한다. 그 사람이 필연적으로 부정직한 것은 아니지만, 커뮤니케이션에 개방적인 것은 아니다. 방패 모양으로 놓인 손등이 보인다면 대화를 어디로 이끌어 가고 있는지를 자문하라. 상대를 공격하는 중인가? 이 대화 과정에서 당신은 당신과 상대 사이에 벽을 세우고 싶은가 혹은 다리를 놓고 싶은가?

만약 상대가 말하면서 주머니나 다른 곳에 손을 숨긴다면 그는 가치 있는 정보를 은폐하거나, 자신이 개인적으로 연루된 무언가를 드러내고 싶지 않을 가능성이 있다. 솔직하지 않은 사람은 다음의 경우에서처럼 보통 손동작이 덜 표현적이다.

거짓말을 강요당한 간호사들

데스몬드 모리스를 필두로 여러 학자들은 거짓말에 관한 고전적 실험을 거론한다. 약 30년 전에 수행된 연구에서 미국의 간호학과 여학생들에게 방금 보여준 의학 영화에 관해 거짓을 말하거나 혹은 진실을 말하도록 하였다. 실험자는 여학생들에게 환자를 치료하려면 환자들이 그들의 상태에 대해 걱정을 하고 있어서는 안 되기 때문에 간호사 직무를 수행하는 일에서 거짓말 능력이 매우 중요하다고 말했다. 따라서 간호사들은 병의 심각성과는 상관없이 환자들을 안심시켜야만 했다. 즉 거짓말이 치료 장비의 일부인 것이다. 또한 테스트를 통과하려면 믿을 수 있는 태도를 보여야만 한다고 여학생들에게 덧붙였다. 이들은 거짓말에 관한 연구의 실험대상이 된 것을 모르고 있었다. 연구자들은 이것에 관해 그들에게 거짓말했다.

연구자들이 관찰한 것은 거짓말하는 여학생들이 손동작을 덜 한다는 것이다. 우리는 말할 때 그것을 인식하지 못하더라도 종종 손으로 단어를 '보여'준다. 우리는 우리의 몸짓을 의식하기는 하지만 우리 손으로 '말하는' 것을 정확하게 알지는 못한다. 손짓이 틀리거나 들키는 것을 염려한 나머지 이 예비 간호사들은 '손으로 말하기'를 그만둔 것이다. 거짓말하는 동안 내내 모든 손동작은 하나의 예외만 제외하고 수그러들었다. 즉 손등을 약간 보이는 것이다. 많은 여학생들이, 마치 손이 따로 존재하면서 거짓말을 부인하고 모든 책임을 입이 말하는 것에 돌리는 것처럼, 손등으로 약간 공기를 밀어내고 있었다.

또한 연구자들은 거짓말하는 여학생들이 다른 사람들보다 더 자주 손을 얼굴, 특히 입이나 코로 가져간다는 사실도 발견했다. 데스몬드 모리스의 설명에 따르면, 거짓말을 할 때에는 내적으로 불편한 상황에 있게 되고 그들의 뇌가 손으로 말을 막도록 한다는 것이다. 무의식적으로 손이 거짓말을 멈추려 하는 것이다. 직업적으로 성공하길 원한다면 거짓말하는 능력이 필요하다고 말해주었기 때문에 노력하기는 하지만 그들의 손동작은 내심을 드러내는 것이다. 때때로 손가락 하나가 윗입술에 머무르거나 손이 입 가장자리에 멈춘다.

거짓말하는 어린 아이들의 경우 두 손이 입을 가리는 경우도 있다. 거짓말을 감추려는 부질없는 시도인 것이다. 이 여학생들의 예를 통해 보면 이 손동작의 여파가 커서도 남아 있는 것이다.

주먹 쥔 손

손을 주먹 쥐고 있는 사람은 스트레스를 받았거나 화가 난 상태이다. 자신의 감정과 긴장을 억누르려고 한다. 상내가 낭신에게 조용하게 말하고 화가 난 것을 부인하면서도 손을 꼭 쥐고 있는 상태라면 그는 정직하지 못한 것이다. 그의 주먹이 그가 어느 정도 화가 난 것을 표현하고 있다. 그러나 길에서 행인이 주먹을 쥔 채로 스쳐 지나가면 그가 화가 난 것으로 결론지어서는 안 된다. 스트레스 상태 혹은 정신집중이 몸의 이완을 방해한다. 한 마디로 "스트레스를 받은 사람은 주먹을 쥔다."[35]

주먹을 쥔 당신의 상대가 다른 화난 징후를 보이지 않는가? 그러면 그것은 아마도 그가 당신을 좋아하지 않는다는 표시일 것이다. 발의 방향이나 몸통의 기울기 등 다른 징후들도 살펴보라.

엄지가 주먹에 숨겨져 있는가? 아마도 그는 협박받고, 불안해하거나 의기소침한 상황일 것이다. 상태를 검증하기 위해 질문을 던져보라. 예를 들어 그를 불안하게 하는 것이 무엇인지를 물을 수 있다. 그가 대답한다면 그에게 구원의 손길을 내민 것이다. 만약 그가 불안하지 않다고 대답할 수도 있다. 이런 경우 어떻게 느끼고 있는지를 물을 수 있다. 이렇게 간단한 것이다.

주먹 쥔 손의 변형을 안락의자의 팔걸이를 꽉 쥐고 있는 사람들에서 볼 수 있다. 그들은 침착성을 유지하려고 노력하고, 긴장하거나 두려워하고 있다는 것을 보여주지 않으려고 자제하는 것이다. 글라스에 따르면 그들은 강한 감정을 나타내는 것을 피하려하고 거짓말에 참여하는 것이다. 아마도 그들은 가면이 벗겨지는 것을 두려워하지 않을까?

동요하는 손가락

탁자를 두드리는 손가락은 불안감을 표현한다. 또한 머리나 보석을 만지작거리는 것도 같은 경우이다. 십계명 시리즈의 여덟 번째 영화 『너는 거짓말하지 못할 거야』에 나오는 유태인 여자를 기억하는가? 그녀는 1943년 그녀를 받아들이기를 거부했던 사람의 강의에 참가한다. 당시 그녀는 여섯 살밖에 안 되었고 그녀의 부모가 독일인으로부터 그녀를 보호하려고 했던 것이었다. 자신의 뇌리에 깊숙이 박힌 그 이야기를 하는 동안 내내 금으로 된 목걸이를 만지작거렸다. 그것은 그녀의 거짓말이 아니라 불안감을 표시하는 것이다. 손가락으로 피아노를 치거나, 많이 움직이거나 혹은 물건을 만지는 것은 초조, 스트레스, 불안감을 표현한다. 무슨 이유로 그렇게 스트레스를 받거나 불안해하는지를 물어보라. 추론을 시작하라. 그 사람이 이 책 『거짓말에 대한 진실』을 보았을 수도 있고, 그 사람이 거짓말한 것을 당신이 짐작할까 봐 두려워할 수도 있다. 물론 그의 몸의 다른 부분이 당신에게 말하는 것에 주의를 기울여야 한다.

권태를 드러내는 손

당신의 대화 상대가 머리를 끄덕이면서 듣고는 있지만 진정으로 흥미가 있는 것일까? 예의상 관심을 가장하긴 하지만 당신의 말이 그를 아주 지루하게 하지는 않을까? 그의 손이 그것을 알려줄 것이나. 만약 손을 마주 깍지 끼고 엄지를 계속 돌리고 있다면 그것은 말이나 끄덕이는 공손한 머리보다 더 신뢰할 수 있는, 권태를 나타내는 몸의 기호이다. 상대가 그 동작을 시작하면 곧 그에게 말을 넘기거나 혹은 작별을 하라. 당신에게 감사할 것이다. 당신이 그를 지루하게 했다고 그가 직설적으로 당신에게 말해주길 바라는가? 그러한 충격적인 진실을 말하는 것은 사교성이 결핍된 것이다.

팔짱 끼기

팔의 움직임 중에 거짓말과 관련되는 것은 거의 없다. 팔짱을 끼는 것은 아주 흔한 일로서, 앞장에서도 보았지만 여러 감정 상태와 연관된다. 일반적으로 그것은 폐쇄성을 설정한다. 어느 경우에는 민감한 부분을 건드렸을 때 팔짱을 끼기도 한다. 이것이 자신을 방어하는 방법인데, 상처를 받기 쉽다고 스스로 느끼기 때문이다. 때때로 팔짱 끼기는 거짓말, 사기와 관련된다. 다른 징후가 동반된다면 더 분명해진다. 행동 다발을 잊지 마라. 또한 거시적인 원칙을 생각하고, 어느 한 가지 동작에 집중하기보다는 대상을 눈으로 감싸 안아야 한다. 다양한 의미가 부여될 수 있음에도 불구하고 팔짱 끼기가 갑자기 당신의 주의를 끌 것이다. 릴리안 글라스에 따르면 팔짱 끼기는 실제로 그 사람이 무언가를 숨기고 있다고 외치는 것이다.

가려운 팔

팔의 가벼운 가려움증도 그 사람의 감정을 드러내준다. 튀르셰가 말한 바로는 팔 아래 부분의 가려움증은 함께 있는 사람을 껴안고 싶어하는 억눌린 욕구를 나타낸다. 만약 상대가 팔의 안쪽을 긁으면서 당신의 매력에 무감각하다고 말한다면, 당신은 그의 말을 의심할 수 있으며 다른 끌림의 징후를 찾을 수 있다. 한편 만약 팔의 바깥쪽을 긁으면 정통한 시네골로지 학자라면 그것이 언어적 혹은 심리적 공격을 물리치려는 무의식적 방법이라고 말할 것이다. 이 경우 끌림이 아니라 거부인 것이다. 뉘앙스! 맥락을 고려하고 다른 기호들에 주의를 기울이는 것을 잊어서는 안 된다. 어쩌면 모기에 물렸을 수도 있고, 찰과상을 입었을 수도 있다!

그의 마음에 들었을까? 그의 몸이 그것을 말한다

당신을 사랑한다고 외치는 사람들이 정말로 당신을 사랑할까? 그들의 말은 상관없다. 그들의 몸이 동의하지 않으면 그들은 당신에게 거짓말하는 것이다. 당신의 마음을 끄는 사람이 당신에게도 똑같은 끌림을 느끼는지 알고 싶은가? 그의 몸을 관찰하라.

칵테일 파티 손님들 사이를 거닌다고 생각해보자. 약간 불편해서 당신은 음식 테이블 옆에 '박혀' 있으려 하거나 혹은 태연한 척하느라 지나가는 술잔을 하나 받아 든다. 그러는 동안 당신을 마음에 들어하는 시선 — 아는 혹은 모르는 — 과 마주친다. 시선을 교환하는 것이 아주 유쾌한 일이라도, 만약 당신이 그와 눈을 맞추고 있으면 그의 몸의 언어가 당신을 피할 것이다.

시네골로지 학자 필립 튀르셰는 물리적 욕망을 나타내는 미세 가려움증, 미세 쓰다듬기의 여러 예를 제시한다. 그가 옆구리를 긁는가? 동성애자들이여(이성애자는 아니다!), 그것은 당신에 대한 육체적 욕망의 표현이다. 그는 당신이 자신에게 손 대주길 원하는 것을 의미하기 위해 자기 팔을 쓰다듬는다. 당신은 당신이 그의 맘에 들었다는 것을 안다. 그에게 접근하기로 한다. 그가 당신과 마주한다. 손은 엉덩이에 대고, 골반을 앞으로 내민 채? 그 남자는 거만한 성기를 가졌다고 튀르셰는 말할 것이다. 분명하게 당신을 원한다. 당신은 그의 제의에 대답을 안 한다. 그는 좀더 확실하도록 진행해본다. 물론 그는 그의 동작을 의식하는 것은 아니지만 그의 몸이 그가 원하는 것을 안다! 그는 엄지를 바지 앞주머니에 넣고 손은 성기를 향한다. 알랭 피즈는 카우보이를 연상하게 하는 이러한 동작은 분명히 "나는 너를 원해"를 의미한다고 말한다. 더구나 그는 당신과 가까운 거리를 유지한다. 그는 당신의 개인적 공간을 침입한 것인데, 당신도 그에게 강하게 이끌리기 때문에 뒷걸음질 치지 않는다. 그와 마주하고 발은 열린 각도로 유지한다. 당신은 그의 뜻에 완전히 동의한다. 그와 동시에 당신도 위치를 바꾼다. "모방동작은 항상 두 사람 사이의 완전한 동의이다"라고 알랭 피즈[36]는 피력한다. 당신은 그가 손 대주길 원한다. 당신은 조심스럽게 머리카락, 목, 팔 혹은 몸통을 쓰다듬는다. 그의 몸이 당신이 그가 당신에게 손 대주기를 원한다는 것을 이해한다. 서로가 끌리고 있다는 것을 그가 파악할 것이다.

　신사들이여, 당신들 차례다. 칵테일 바에서 만난 예쁜 여자가 엉덩이 아래 넓적다리를 슬쩍 만지면서 당신에게 다가온다. 그녀는 무의식적으로 자신의 욕구를 표현하는 것이다. 그것은 강하고 섬세한 여성적 동작이지만 주의를 기울이면 쉽게 알아차릴 수 있다. 당신이 그녀의 마음에 든다는 것을 알면서 그녀에게 접근할 수 있는 것이다. 물론 얼굴 표현이 가장 중요하지만, 이번 장에서는 다루지 않겠다. 참을성! 서로 말을 하면서 의견을 주고받는다. 그녀의 발이 당신을 향하는가? 당신이 그녀의 흥미를 끌었거나 혹은 당신의 견해가 마음에 들었을 수도 있다. 좋은 징조다. 당신이 말을 하거나 당신의 말을 듣는 동안 그녀가 자신의 손목을 쓰다듬는다. 그녀의 몸이 "당신이 나에게 손을 대면 좋겠어"라고 말하는 것이다. 잘 진행되는 것이다. 의자에 함께 앉으면서 그녀가 다리를 당신 쪽으로 교차시키면서 당신에게 관심이 있다고 표현한다. 그녀의 몸이 당신 쪽으로 기울어진다. 당신의 말이 그녀를 기쁘게 한다. 잠시 침묵이 흐른다. 침묵을 메우기 위해 당신의 마음에 떠오른 첫 번째 생각을 흘려 내보낸다 최근의 축구 경기… 실수! (나도 알아, 나의 상투적인 예. 그것에 흥미가 있는 여자도 있으니까…) 그녀의 몸이 당신에게서 멀어지고, 의자에 등을 기댄다. 그것은 화제에 그녀가 덜 열중하게 되고, 그녀가 지루함 혹은 흥미 없음을 표현하기 시작한다는 것이다. 서둘러 이전 화제로 돌아가거나 혹은 그녀가 좋아하는 것이 무엇인지를 물어보라. 그녀는 일주일에 60시간을 일하는 척할 것이다. 취미생활을 할 시간이 없다! 그녀는 교차한 다리를 펴고 일어난다.

만약 발 끝이 문 쪽을 향한다면, 도망을 치고 싶은 것일 것이다. 그녀의 말이 다정한 것처럼 보인다 해도 속으면 안 된다. 그녀의 마음은 변했고, 당신과 같이 있는 것을 피하려는 것이다. 아마도 그녀가 당신의 목소리 혹은 냄새를 좋아하지 않을 수도 있다. 아마도 그녀의 전 남편이 일요 스포츠광이었고, 텔레비전 스포츠 애호가를 싫어할 수도 있다. 몸의 등 부분에 약한 가려움증을 보이면 그것은 당신으로부터 등을 돌려서 떠나고 싶은 욕구를 나타낸다. 만약 당신이 그녀에게 데이트할 것을 제안하고 그녀가 승낙했는데, 그녀의 발이나 허리가 당신에게서 돌려서 다른 방향을 향한다면 그녀는 예의상 '그래'라고 한 것이다. 아마도 마지막 순간에 취소하거나 다른 번호를 알려줄 확률이 매우 높다. 미리 예견할 수 있는 것이다! "아! 여자들이란…"이라고 말할 필요는 없다. 여자들을 탓할 것이 아니라 이해하기 위해서 몸의 언어를 해석하라.

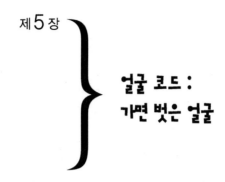

제 5 장

얼굴 코드 :
가면 벗은 얼굴

무엇보다 진실을 보는 법을 배워라.
네가 들을 것 중 아무것도 너를
실수로 이끌거나 실망시키지 않을 것이다.

기 팽레(GUY FINLEY)

벨을 누르기 직전 잠깐 멈추고 정중한 표정을 만드는 모습, 초대받은 사람들의 그런 자연스러운 얼굴 표현을 포착하기 위해서 창가에서 기다려본 경험이 있는가? 어떤 사람이 당신이 그를 보기 전에 당신을 알아볼 때, 그래서 당신이 사회적 가면을 쓰기 전에 당신을 놀라게 할 때 약간 신경이 거슬린 적이 있는가? 사람들의 감정은 의식하지 못한 채 있는 그대로 얼굴에 드러난다. 대중교통과 길거리는 '진정한' 얼굴을 포착하기 위한 아주 좋은 관찰 장소이다.

연구에 따르면 비언어적 커뮤니케이션의 55%가 얼굴 표현이다. 얼굴을 읽는 법을 아는 것이 얼마나 중요한지를 말해주는 것이다. 수백 가지 묵시적 표현들이 나타날 수 있다. 잠깐 동안의 입 삐죽거림 혹은 뾰로통함은 그가 하는 말과 상반될 수 있다. 우리가 느끼는 감정과 우리가 보여주려 하는 것 사이에 종종 균열

이 있다. 따라서 우리가 내적으로 느낀 것을 외적으로 커뮤니케이션하는 것을 실패하는 것이다. 우리는 무언가를 숨긴다. 그럼에도 불구하고 이러한 은폐는 능숙한 관찰자에게는 명확하게 보인다. 가면 안에 담긴 감정의 흔적을 얼굴이 비쳐 보이게 한다.

이 장에서는 흔히 있는 얼굴 표현들의 베일을 벗겨보겠다. 우선 머리 움직임의 의미를 살펴보고 코와 연관된 동작이 말하고자 하는 것을 보겠다. 그런 뒤 시선에 대해 알아본다. 고정된 시선, 시선 피하기와 단절, 눈 깜빡임 등은 이제 더 이상 비밀이 되지 못할 것이다. 다음에 침묵으로 말할 수 있는 기관인 입으로 이어 가겠다. 그리고 귀의 가려움증의 의미를 보고, 마지막으로 매력이나 사랑에서 드러나는 얼굴 언어를 탐구하겠다. 본격적인 내용에 들어가기 전에 얼굴 표현을 해독할 수 있는 당신의 능력에 관한 테스트를 해보기 바란다.

테스트 : 얼굴을 읽을 수 있는가?

최근의 대화를 기억에 떠올리고 다음의 질문에 대답을 '예', '아니오', '모르겠음'으로 종이에 써보자.

1. 그 사람이 당신을 맞을 때 웃었는가?
2. 그 사람이 당신에게 인사할 때, 눈썹을 올리는가, 눈을 크게 뜨는가?
3. 웃을 때 눈가에 주름이 생기는가?
4. 웃을 때 치아가 보이는가, 광대뼈가 두드러지고 입술 가장자리가 치켜올라가는가?

5. 시선이 직선적인가, 당신을 종종 쳐다보는가?

6. 고정된 혹은 인공적인 웃음을 보이는가?

7. 삐죽거림 혹은 일그러진 웃음이 입술에 묻어나는가?

8. 미소에도 불구하고 눈이 활력 없이 슬픈 것처럼 보이는가?

9. 그 사람이 당신을 오랫동안 뚫어지게 보는가?

10. 당신을 볼 때 그의 시선이 부드럽고 자연스러운가?

11. 정면이 아니라 옆으로 당신을 보는가?

12. 눈을 내리거나 시선을 회피하는 경향이 있는가?

13. 그 사람이 말할 때 과도하게 눈을 깜빡이는가?

14. 먼저 시선을 돌리는가?

15. 당신에게 말할 때 종종 하품을 하는가?

16. 당신에게 좋은 일이 일어났다고 당신이 말할 때 그 사람이 침을 삼키는 경향이 있는가?

17. 말할 때 입을 손으로 가리는가?

18. 아래 입술을 깨무는가?

19. 종종 입술을 적시는가?

20. 뺨이 붉은가?

21. 턱을 손으로 괴고 있는가?

22. 당신에게 말할 때 종종 코를 만지는가?

23. 귓불을 당기는 경향이 있는가?

24. 머리를 흔드는가?

25. 머리가 옆으로 기울어져 있는가?

'예'와 '아니오'로 대답한 것이 많을수록 마치 책을 보듯이 얼굴을 읽는 당신의 능력이 더 많은 것이다. '모르겠음'이 많을수록 당신은 다른 사람의 얼굴 표현을 의식할 확률이 낮아진다.

이번 장의 마지막에 이르면, 당신은 이 테스트에 있는 각 동작과 동작들 조합의 의미를 알게 될 것이다. 주변사람들의 얼굴을 읽는 당신의 능력은 대화 후 종종 이 테스트를 하면 할수록 커질 것이다.

어지러운 머리

대화 상대의 머리를 관찰하면, 그가 당신의 말을 정말로 듣고 있는지, 대화에 흥미를 보이는지, 당신을 판단하고 있는지 혹은 지루해하는지를 알게 될 것이다. 당신은 더 이상 그의 말을 있는 그대로 간주하지는 않을 것이다. 그의 머리가 견해와 일치하는지 혹은 부인하는지를 확인할 것이다. 얼굴 표현이 말보다 더 신뢰할 수 있기 때문에 무엇에 만족해야 하는지를 알게 될 것이다.

머리 흔들기

상대가 진정으로 솔직한지를 알고 싶은가? 얼마 동안 그의 머리를 주의 깊게 살펴보라. 물론 나머지 신체 부분을 살피는 것도 잊어서는 안 된다. 그가 말로 하는 동의와 그의 머리 움직임이 일치하는가? 예를 들어 이웃 여자에게 휴가 동안 당신의 화초를 돌봐줄 수 있는지 물었다. 그녀는 동의했지만 머리는 미세하게 옆으로 흔들렸다면 부정을 조심스럽게 표현하는 것이나. 사신의 바람에도 불구하고 '아니오' 하고 말하지 못할 뿐이란 것을 알아야한다. 표현적인 사람에게 있어서 말로 하는 승낙은 보통 머리 움직임을 동반한다. 아주 조심성이 있는 사람들은 머리를 아래로움직여 동의를 표시한다. 주의하라! 머리 움직임은 보통 승낙을나타내지만 많은 사람들이 단지 상대를 기쁘게 해주기 위한 배려로 자동적으로 승낙한다. 그것에만 신뢰를 가져서는 안 된다. 이웃 여자가 당신의 화초에 대해 '예'라고 말하면서 머리를 흔든다면 나머지 신체 부분을 살펴서 동의하는지를 검증할 필요가 있다. 그렇지 않으면 당신의 화초는 물을 못 먹을 수도 있다.

흥미 있는 머리

어떤 사람이 정말로 당신의 말을 듣는다면 그의 머리는 옆으로기우는 경향이 있다. 이 동작은 아직 자유롭게 말하거나 표현하는 법을 잘 모르는 어린 아이들에게서 특히 두드러진다. 그들이주의를 기울여 당신의 말을 듣고 이해하려고 어떻게 머리를 기울이는지를 살펴보라. 어른의 경우 머리를 약간 옆으로 기울이는것은 당신의 견해에 흥미가 있고, 사로잡혀 있기까지 한 것을 말한다.

시네골로지 학자들은 또한 머리가 기운 방향도 고려한다. 대체로 두뇌의 좌반구는 사고, 논리, 말의 영역이다. 그것은 몸의 오른쪽을 통제한다. 반대로 우반구는 감정과 관련하며 몸의 왼쪽을통제한다. 필립 튀르셰에 따르면 왼쪽으로 기운 머리는 상대의감정이입, 부드러움을 나타낸다. 오른쪽으로 기울면 긴장, 염려를 나타낸다.

판단, 의심하는 머리

상대가 머리를 바닥 쪽으로 내리고, 턱은 목에 붙이고 시선을
아래를 보고 있는 경우를 본 적이 있는가? 그렇다면 당신은 분명
히 판단의 대상이 된 것을 느낄 것이다. 이러한 동작은 판단하는
것으로, 피즈에 따르면 '평가'하는 사람이 취하는 것이다. 월터스
의 경우는 그것이 다른 사람이나 자신의 견해에 대한 의심이라고
생각한다. 그러한 머리 위치를 택한다면 그 사람이 의심하는 것
이 자신의 견해인지 혹은 당신의 것인지를 자문해볼 여지가 있
다. 그것은 그 사람이 말하는지 혹은 당신의 말을 듣는지에 달려
있다.

지루해하는… 머리

지루할 때 머리를 똑바로 유지하는 일은 힘들다. 어떤 사람이
머리를 손으로 받칠 필요가 있다면 그것은 틀림없이 지루함이나
혹은 피로의 징후다. 만약 손으로 턱을 괴고, 검지를 귀 쪽으로
향하면서 머리를 지지하지는 않는 경우에는 단지 생각하고 있을
뿐이다. 괸 손을 약간 빼면 머리가 떨어지는 경우에는 지루해하
는 것이다.

거짓말하지 못하는 다른 징후가 있다. 바로 하품이다. 물론 대
화 상내가 그것을 사과하려고 피곤하나고 계속 하소연할 수노 있

다. 그러나 이상하게도 당신이 다시 그의 주의를 끌면 그는 하품을 멈출 것이다. 하품은 생리적인 것이고 신체가 피곤할 때 생기는 것이 사실이다. 그러나 대화에 열중할 때에는 절대로 하품을 하지 않는 이유는 무엇인가? 글라스에 따르면 지루하거나 화제를 피하고 싶을 때 하품을 한다. 하품은 불편하게 만들기 때문에 대화 상대는 화제를 바꾸는 경향이 있으며, 이것은 거짓말쟁이나 숨기려는 사람에게 아주 유리하다.

만약 당신이 어떤 사람의 항구적 행동에서 권태를 나타내는 변화를 감지하고, 그 변화들이 다발로 나타난다면, 그 사람이 지루한지 혹은 정말 피곤한지를 더 이상 자문할 필요가 없다. 팔짱 끼기, 소리 나는 긴 하품, 턱을 고인 얼굴, 이것들이 바로 권태의 기호이다. 그 사람이 지루하다는 것을 부인한다면 그 사람은 다만 예의상 거짓말하는 것이다. 그때야말로 헤어지거나 쉬도록 내버려둘 시간이다.

따끔거리는 코

대개의 경우 사람들은 감정을 숨기려 하거나 혹은 (대화) 상호작용과 관련된 스트레스를 받았기 때문에 코를 긁는다. 코와 감정 사이에는 일정한 관계가 있다. 튀르셰가 지적한 대로 우리는 코로 느끼고(sentir), 감정도 느낀다((res)sentir).[37] 글라스는 자기 코를 만지는 것은 그 사람이 무언가를 숨기고 싶다는 것, 다른 사람을 속이거나 혹은 진실을 말하지 않는다는 것을 말해주는 무의식적인 행동이라고 생각한다. 코를 만지는 것은 거짓말한 뒤 손으로 입을 가리는 유아적 동작의 좀더 미세한 변이형이다.

그렇다면 무슨 이유로 거짓말쟁이의 코는 가려울까? 많은 학자들에 따르면, 거짓말하는 것은 신경 긴장과 혈압을 높인다. 이 증가는 거짓말쟁이의 유형에 따라 다르다. 거짓말을 덜 할수록 거짓말할 때 신경 긴장이 더해진다. 그러나 능숙한 거짓말쟁이의 경우조차도 비강 내벽을 자극하는 미세한 생리적인 변화가 생기며 이 때문에 따끔거림이 약간 느껴져서 긁게 되는 것이다.

생각하는 코

코를 약간 만지는 것은 지식에 대한 갈망을 보여준다. 사람들은 생각할 때 코를 긁는다. 이것이 바로 튀르셰가 말한 '시라노의 코'이다. 어떤 사람이 생각에 몰두하기 때문에 코를 만지는지는 맥락에서 알 수 있을 것이다. 이 경우 그 사람은 머리를 긁을 수도 있다. 또한 검지를 턱에 대고 귀 쪽을 가리킬 수도 있다.

거짓말하는 코

'피노키오의 코'는 숨기는 사람, 거짓말쟁이의 코이다. "코 끝의 약한 가려움증은 우리의 욕구와 그들의 표현 사이의 간극을 아주 날카롭게 표현하는 기호이다. 한마디로 말하자면 코 끝 미세 가려움증은 거짓말을 표현한다고 볼 수 있다."[38] 그렇다고 해서 어떤 사람이 코를 긁는 단순한 행동을 한 것으로 그를 거짓말쟁이로 몰아가는 함정에 빠져서는 안 된다. 행동의 다발을 관찰하고 맥락을 생각하라.

손을 콧구멍 앞에 위치하는 것은 우리가 무언가를 느끼고 싶지 않다는 것을 의미한다. 예를 들어 남편에게 쓰레기통을 비워달라고 말했는데 그는 손을 콧구멍 앞에 대고 있다. 엄지가 콧구멍 하나를 막고 있을 수도 있다. 당신 남편은 쓰레기 냄새를 맡기 싫은 것이다. 그의 동작은 공손한 거부 방법을 찾는 중이란 것을 가리킨다. 당신이 모든 집안일을 다 하고 그는 너무 게으르다고 강조한다. 그는 눈의 연장선 높이에서 검지로 코를 긁는다. 그는 아주 혼란스러운 것이다. 튀르셰에 의하면 이 동작이 의미하는 것은 "내가 느끼는 것이 나를 혼란스럽게 한다. 내가 본 것을 믿지 않는다"라는 것이다.

그러나 만약 당신의 상대가 말하는 중에 왼쪽에서 오른쪽으로 코 끝을 문지르거나 긁으면 그가 거짓말하고 있을 확률이 높다. 당신이 말하는 동안에 그가 그런 동작을 한다면 당신이 거짓말하고 있다고 그가 믿고 있을 가능성이 있다. 만약 당신이 솔직하지 않았다면 당신 스스로 진정한 대화에 나서야 할 것이다. 그렇지 않다면 당신의 솔직성을 납득시키기 위해 좀더 설명을 해야 한다.

코를 건드리는 사람이 거짓말쟁이라고 무조건 결론 내리지 마라. 다른 가능성도 검증하라. 건조한 공기, 감기 혹은 알레르기도 가려움증을 유발할 수 있다.

"네 눈은 예뻐"

눈은 마음의 창이라는 말을 자주 듣는다. 비언어적 커뮤니케이션의 시각에서 보면 눈은 감정으로 통하는 창문을 열어준다고 말할 수 있다. 많은 일상적 표현에서 눈과 감정의 관련성이 증명된다. 용감한 사람을 가리켜서 "눈이 추위를 안 느낀다"고 하지 않던가. 의심 많은 사람은 "내 눈!"[39]이라고 말한다. 유혹하는 사람은 상대방에게 '눈짓 할' 것이다. 다른 사람과 커뮤니케이션할 때 '눈을 뜨고'[40] 있는 것이 좋을 것이다. 다른 사람의 눈이 말하는 것을 보는 것이 좋다.

시선의 유형은 의도를 알게 해준다. 눈은 웅변적이기 때문에 상대가 우리를 좋아하는지, 싫어하는지, 신경질적인지, 개방적인지 혹은 무엇을 감추는지를 알 수 있다. 속임수와 거짓말의 기호인 비일관성을 탐지하는 일은 무엇보다도 눈을 관찰하는 것을 통해 이루어진다.

직업적인 혹은 친밀한 시선

당신에 대한 상대의 의도가 무엇인지를 알고 싶은가? 당신의 어느 곳을 보고 있는지를 보라. 직업적 시선은 눈과 얼굴 위쪽을 탐색하는 것에 그친다. 개인적 시선은 눈을 포함하지만 입까지도 내려간다. '옷을 벗기는 시선'이라고도 하는 친밀한 시선으로, 그 사람은 대담하게 당신의 가슴 부분 혹은 더 아래까지 눈길을 내린다.

내 전화번호를 자기에게 알려주거나 자신의 번호를 받지 않으려는 이유를 묻는 사람에게 나는 노기 띤 어조로 대답한다. "당신이 내 머리 끝에서 발 끝까지 두 번이나 훑어보았잖아요!" 그가 인정한다면 그의 시선의 명확한 성격을 확인하는 것이다. 하루저녁 만남을 원하지 않는 한, 여자들은 자신들을 알려는 노력도 하지 않은 채 시선으로 옷을 벗기는 남자들을 피한다. 적어도 그 남자들의 의도는 명확하지 않은가!

우리가 커뮤니케이션하는 상대와 네 개의 코드를 갖고 접촉하면 직업적이건 아니건 그의 눈을 관찰하는 것으로 국한할 수 없다. 몸의 언어를 해독하려는 시선은 음란한 것이 아니라 친밀한 것과 더 많이 닮을 것이다. 다른 사람의 몸을 눈으로 쓸어내리는 요령 하나는 얼굴 밑 부분에 너무 머무르지 말고, 한 부분에 고정하지도 않는 것이다.

좋아하는 혹은 싫어하는 시선

우리는 좋아하는 사람을 더 많이 바라보는 경향이 있다. 시선의 빈도가 높아질 뿐만 아니라 그 시간도 길어진다. 애정 대상이 눈 앞에 있으면 우리 동공은 커진다. 반대로 거부감이 있거나 관심이 없는 사람은 덜 쳐다보게 된다. 우리가 싫어하는 사람을 발견하면 우리의 동공은 축소될 것이다. 동공은 거짓말하지 않는다. "눈을 똑바로 쳐다보면 상대의 정서를 모두 알게 될 것이다"라고 알랭 피즈는 말한다.[41]

고정된 시선

한 사람에게 시선을 고정하면, 그것은 그를 좋아하거나 그에게 끌려서이기도 하고 반대로 적대적이어서 그럴 수도 있다. '정상적'인 시선은 3초를 넘지 않는다. 그것을 넘으면 끌림이나 거부감을 나타낸다. 대립된 두 가지 중 하나를 선별하기 위해서는 다른 언어적, 비언어적 기호를 관찰해야 한다. 이 점에서 이번 장의 끝부분에 실린 "귀중한 존재의 진실한 얼굴"이란 제목의 글을 보면 된다.

우리는 거짓말을 하면서도 다른 사람에게 눈을 고정할 수 있다. 이런 경우 눈 가장자리의 긴장이 풀어지지 않는다. 시선은 강하고, 안정되고 긴장될 것이다. 만약 시선의 고정 혹은 의도적이고 집중적인 눈의 마주침이 항구적인 행동에서 변화에 해당된다면 그것은 아주 의미심장한 것이다. 강하고 직접적이지만 이완된 시신경으로 바라보면서 억울하게 비난받는 정직한 사람과 반대로 거짓말쟁이는 긴장된다. 그의 고정된 시선은 대화하면서 거짓말하려는 사람에 대한 통제 혹은 지배를 유지하려는 시도이다. 그의 시선은 "내게 질문하지 마. 내 말을 의심하지 마. 안 그러면 좋지 않을 거야"라고 말하는 방법이다. 고정된 시선을 유지하는 거짓말쟁이는 다른 사람의 눈을 똑바로 쳐다보면서 말하는 능력이 있기 때문에 자신이 정직하다는 것을 증명하려고 노력한다. 거짓말쟁이들이 대화 상대와 눈을 마주치는 것을 피한다는 믿음을 머리에 담고 있기 때문에, 그 잘못된 믿음을 깨고 진실한 것처럼 보이기 위해 상대를 쳐다보려고 노력하는 것이다. 그렇지만 너무 앞서 나갔다. 그를 드러낸 것은 바로 눈의 고정과 긴장인 것이다.

지속적인 시선이 그 사람의 항구적인 행동이라면 해석이 달라진다. 따라서 시선의 고정이 습관적 행동인지 혹은 변화된 모습인지를 자문해야 한다. 변화라면 커뮤니케이션 행위의 지표이다. 진정한 감정을 위장하거나 혹은 거짓 행동으로 감추면서 숨기려는 사람인 것이다.

릭씨의 거짓말쟁이 학생

대학 교수인 릭씨는 강의 동안 끊임없이 잡담하던 한 쌍의 학생들 때문에 신경이 거슬렸다. 그는 그만두지 않으면 서로 떼어 놓겠다고 그들에게 말했다. 학생들의 교수평가 과정에서 그 사건에 대한 언급이 나왔다. "교수가 학생들을 초등학교 1학년 학생처럼 대한다. 자리를 바꾸겠다고 협박을 받았을 때만큼 모욕감을 느낀 적이 없다." 그리고 아주 과격한 개인적 판단 몇 개가 뒤를 이었다. 릭씨는 부당하게 비난받았다고 느꼈고, 그 여학생이 그렇게까지 자신을 비방하는 글을 썼다고는 믿을 수가 없었다. 릭씨는 결국 그 여학생에게 물어보았다. 그녀는 자신이 쓴 것을 모두 말해주었고, 그 젊은 교수는 그 비방이 그 여학생의 것이 아님을 알게 되었다. 그가 내린 결론은 여학생과 함께 떠들던 남학생이 여학생으로 행세하면서 자기 만족을 하고 있었다는 것이다. 그 여학생은 학생신문 편집장이었는데 신문사의 다른 젊은이가 '세타세'라는 가명으로 글을 썼던 것이다. 아무도 그가 누구인지 몰랐다. 그는 자신의 실명을 사용하면 절대로 쓰지 못했을 글을 대담하게 표현한 것이다. 편집장은 그가 바로 자기 행세를 했던 남학생과 같은 인물이란 것을 밝혀냈다. 릭씨는 그를 자신의 연구실로 불러서 대면해보기로 했다. 릭씨는 교수평가 의견에서 그가 편집장 행세를 한 것을 알고 있다고 말했다. 남학생은 교수를 뚫어지게 쳐다보면서 말했다. "맹세코 그것은 제가 아닙니다." 그는 완전히 결백한 기색이었고, 부당하게 비난받는 것에 아주 큰 상처를 입은 것처럼 보였다. 만약 교수가 이미 사실을 확신하고 있지 않았다면 그를 믿었을 것이다. 그 학생은 눈을 깜빡거리지도 않고 교수의 눈을 뚫어지게 쳐다보고 있었다. 바로 그것이 거짓말의 기호인 것이다. 릭씨는 "이제 그만해. 가면을 벗어 세타세. 증거들이 있네"라고 소리 질렀다. 그러자 젊은이는 교수에게 적의에 찬 시선을 던진 뒤, 문을 꽝 닫고 나갔다. 그들의 관계는 그날 이후로 완전히 훼손되었다. 릭씨는 공개적으로 거짓말쟁이의 가면을 벗기는 만족을 느끼기 위해 치러야 하는 대가가 너무 비싸다는 것을 알게 되었다. 중요한 것은 모두를 등 돌리게 하는 심판자로 변신하는 것이 아니라 자신을 보호하기 위해 같이 문제를 해결해야 할 사람이 누구인지를 아는 것이다.

시선 피하기

피하는 시선은 때때로 끌림을 감추기 위해 사용된다. 자신이 이끌리거나 사랑에 빠진 것을 고백하고 싶지 않고, 따라서 자신의 불길의 대상을 감히 쳐다보지 못하는 것이다. 특히 청소년들의 경우가 그런데, 머뭇거리며 머리를 내리고 자신이 끌리는 사람을 곁눈질하는 것이다.

만약 문장이 끝날 때 시선 접촉을 끝내고, 이것이 다른 변화들과 수반된 행동의 변화라면(행동의 다발의 중요성을 잊어서는 안 된다), 그것은 틀림없이 스트레스의 기호 혹은 속임의 징후가 된다. 예를 들어 자동차 판매 대리점에 가서 당신이 관심 있는 자동차에 대해 수많은 질문을 던진다고 생각해보자. 영업사원은 당신에게 열정적이고 주저 없이 대답해줄 것이다. 그런데 보증과 관련된 세부사항을 질문하면 그는 당신을 쳐다보는 것을 멈추고, 어조가 늦어질 것이다. 보증이 몇몇 부품에는 해당되지 않거나 혹은 계약서에 보증을 제한하는 구절이 하나 들어가 있을 수도 있다. 현명한 소비자라면 이런 상황에서 방어 자세를 취하는 것이 이로울·것이다.

죄의식을 느끼는 거짓말쟁이는 일반적으로 시선 접촉을 피한다. 그러나 주의하라. 여러 연구에 따르면, **시선을 피하는 것이 거짓말을 탐지하는 신뢰할 만한 기준은 아니다.** 그럼에도 불구하고 몇몇 사람들은 다른 사람들이 자신의 눈 속에서 읽어낼 수 있다고 믿고 거짓말하는 동안 다른 곳을 쳐다볼 것이다. 옷에 있는 보푸라기를 떼 낼 수도 있고, 물건을 만질 수도 있을 것이다. 일을 하고 있는 손이 더 쉽게 거짓말한다는 것을 기억하라. 시선을 피하는 것과 더불어 이러한 손동작이 나타난다면, 그리고 그것이 언급하는 화제와 연관되어 급작스런 변화가 일어난 것이라면, 그것은 아주 의미심장한 동작의 다발을 구성할 수 있다.

상대와 시선 접촉을 끊게 만드는 이유는 다양하다. 예를 들어 대화 상대가 우리를 불편하게 하는 화제를 꺼내면, 우리는 우리가 그 사람보다 못하다고 느끼거나 혹은 반대로 그를 무시한다. 사회문화적 맥락도 필수적으로 고려 대상이 되어야 한다. 많은 아시아인들은 권위 있는 위치에 있는 사람의 눈을 바로 쳐다보는 것은 공손하지 않다고 생각한다. 개성도 역시 개입된다. 내향적인 사람은 외향적인 사람보다 상대의 눈을 덜 쳐다본다. 시선 피하기를 해석하는 일은 신중하게 할 필요가 있다. 다음의 예는 동작 전체를 함께 고려하는 일이 얼마나 중요한지를 잘 보여준다.

전하기 힘든 정보

프랑수아 마르골랭의 영화 『거짓말(Mensonge)』에서 한 임신한 여자(나탈리 베이)가 자신이 에이즈 양성 반응을 보인 것을 알게 되었다. 그런데 그녀는 절대로 바람 피운 적도 없었고, 마약을 한 적도 없었고, 수혈을 받은 적도 없었다. 그녀는 남편인 샤를르가 에이즈에 걸렸고 그것을 자신에게 옮겼다고 확신하고, 남편을 조사하기 시작했다. 파출부와 그 남자 친구가 이 조사를 도왔다. 그녀는 자신이 모르는 조그만 술집에 남편이 드나든다는 것을 알게 되었다. 그녀는 파출부의 남자 친구에게 그곳에 가보라고 시켰다. 그는 그곳이 동성애자 술집인 것을 알게 되었다. (그러나) 그는 돌아와서 별로 특별한 것을 발견하지 못했다고 말했다. 그는 담배를 피웠다. 더 자세히 말해보라고 독촉하자, 그는 설명했다. "오락하는 남자도 있었고, 술 마시는 남자도 있었고 …" 라이터를 집으려고 눈을 아래로 내리면서 그는 덧붙였다. "여자들도 있었어요." 거짓말을 한 뒤 그는 시선을 돌렸다. 담배를 피우면서 그는 엄지와 검지 손가락이 아니라 손 전체로 입을 가렸다. 그리고 두 번이나 머리를 왼쪽에서 오른쪽으로 약하게 흔들었다. 그의 머리 움직임은 자신의 말을 부인하는 것이다. 그의 목소리 톤은 어둡고 불규칙적이었다. 그것은 느슨하고 장

2001년 미네소타 주에서 시행된 마요 병원의 연구는 거짓말하는 사람의 눈 가장자리가 여덟 중 여섯의 경우 약간 붉어진다는 것을 밝혀냈다. 이러한 붉어짐은 맨눈으로는 감지되지 않는다. 열감지 카메라만이 그것을 탐지할 수 있다. 거짓말쟁이의 얼굴 온도는 섭씨 29도 혹은 약간 낮은 온도에서부터 38도까지 변한다. 카메라는 피부가 29도보다 낮으면 검은 바탕만을 보여주도록 프로그램 되어 있다. 29도 이하는 스트레스를 받지 않은 상태의 정상 온도이다. 얼굴 온도의 상승은 카메라를 통해 노랑, 주황, 빨강으로 채색되어 보인다. 이 카메라의 신뢰도는 거짓말 탐지기보다 높다. 사실 열감지 카메라는 거짓말쟁이의 83%를 탐지해낸 반면, 거짓말 탐지기는 70%밖에 하지 못했다. 이 카메라는 공항에서 사람들을 그들 모르게 검문하는 데에 잠재적으로 사용될 수 있다. 결과는 즉각적이다. 더구나 기구를 사용하기 위해서 거짓말 탐지기의 경우처럼 전문가가 필요한 것이 아니다. 세관 직원의 질문에 대답할 때 눈 주위가 붉어지는 승객들만 더 철저하게 조사하는 것이다. 이 방법은 2001년 9·11사태 이후 상황에서 테러행위를 예방하는 데에도 경우에 따라 사용될 수 있을 것이다. 그렇지만 미시간 주립대학의 범죄학 교수인 프랭크 허바트는 마요 병원의 실험에 대해 별로 인상적이지 않다고 말한다. 사실 카메라에 삽힌 온노 이미시들은 불안과 관련된 생리적인 변화를 보여줄 뿐이다. 이러한 변화가 거짓말을 증명하는 것은 아니다. 소음 때문에 깜짝 놀란 사람도 역시 눈 주위 온도가 상승하는 것을 볼 수 있다. 더구나 다섯 명 중 하나가 탐지되지 않고 거짓말할 수 있었다. 거짓말에 익숙하거나 스트레스를 잘 다스리는 사람일 것이다. 열감지 카메라는 공항에 설치되기 전에 좀더 세밀하게 만들 필요가 있다.

난기 어린 보통 때 행동과 대조가 되는 것이었다. 그의 거짓말을 보여주는 것은 단지 시선을 피하는 것만이 아니었다. 우선 그의 행동 패턴의 변화를 들 수 있다. 또한 시선을 피하면서 하는 새로운 동작 일체, 즉 부정적인 머리 움직임, 손으로 입 전체를 가리면서 피우는 담배, 의견을 부인하는 목소리 톤 등도 해당된다. 그의 주장대로 그 술집에 정말로 특별한 것이 없었다면 그는 시선을 피하지 않았을 것이고, 목소리는 더 이완되고, 덜 낮고, 어조가 더 원활했을 것이다. 대화에서 신경을 곤두세우고, 당당한 모습을 억지로 취하며 자신을 숨기려 하는 것 대신 마음을 놓고 있었을 것이다. 나중에 그는 여자 친구에게 고백했다. "샤를르는 게이야." 그가 거짓말한 것은 남편이 동성애자라는 사실을 에이즈에 걸린 여자에게 알려주고 싶지 않았기 때문이었다.

눈 깜빡임

자주 눈을 깜빡이는 사람들은 일반적으로 신경질적이고 자신에 대한 신뢰가 없다. 눈꺼풀이 빨리 움직일수록 그들이 스트레스가 크다. 이 동작은 그들의 생각의 속도도 나타낸다. 실제로 생각의 속도가 증가하면 눈 깜빡임이 증가한다. 이러한 눈 깜빡임은 때때로 거짓말쟁이들에게서도 나타나는데, 그들은 다른 사람들이 믿어주지 않고 거짓말한다고 비난할까 봐 두려워하기 때문에 자신들의 거짓말을 진정으로 믿지 못하고, 신경이 곤두서 있는 것이다.

침묵으로 말하는 입

입은 감동적인 단어들을 말할 수 있다. 당신은 다른 사람이 당신을 칭찬하고, 당신에게 감사하고, 아첨하는 말을 그대로 받아들이는 편인가? 당신을 황홀하게 하는 말을 듣기만 하는 것에 만족하지 마라. 그 말을 하는 사람의 입도 보라. 칭찬 뒤에 그의 입술 사이로 드러난 혀는 무엇을 말하고 싶어하는가? 앞니로 아랫입술을 깨무는 것은 어떤 의미인지 아는가? 그의 웃음을 해독할수 있고, 진실한 웃음과 가장된 웃음을 구별할 수 있는가? 단어 없이 입이 표현하는 것의 베일을 벗겨보자.

입술 깨물기

입술을 깨무는 동작은 신경과민이나 분노의 기호가 될 수도 있지만, 그것은 또한 말을 통제하기 위한 시도도 될 수 있다. 이 경우 그 사람은 단어들을 입 밖으로 뱉기 전에 붙잡아 두려고 노력하는 것이다. 맥락이나 다른 동작을 통해 가장 적합한 의미를 규정할 수 있다. 어떤 사람이 입술을 깨물면서 주먹을 쥐고 당신을 노려보고 있는가? 그것은 의심할 것 없이 그의 분노를 표현하는 방법이다. 요란한 몸짓을 하고 한 자리에 머무르지 못하는가? 그는 신경과민이다. 이 두 가능성이 모두 사라진다면, 당신은 그에게 질문을 던지면서 속으로 기뻐할 수 있다. 즉 그가 당신에게 정보를 숨기려 한다는 것을 알게 되는 것이다.

혀를 입술에 대기

손으로 입을 가리거나 입술에 대는 것은 거짓말의 기호가 될 수 있다. 혀를 입술에 대는 것도 마찬가지다. 그러나 그렇게 결론 내리기 전에 두 가지 다른 가능성을 제거해야 한다. 즉 약품과 유혹의 경우이다. 몇몇 약품은 입술을 마르게 한다. 그 사람이 우울증 치료제나 신경안정제를 복용하는 것을 당신이 안다면 그 사람의 입술이 마르는 것을 알게 될 것이다. 그것은 이런 종류의 약품에 흔한 이차 효과인 것이다. 또는 그 사람이 당신을 유혹하려고 한다고 믿을 이유가 있는가? 그 사람이 한 손을 머리카락에 대고 있는지, 당신을 보고 종종 웃는지, 당신 근처에 머무르고, 스치고, 손을 대기까지 하는지 기억해보라. 이 동작들은 모두 성적 관심의 표지이다. 입술에 혀를 대는 행위가 나열된 기호들을 동반한다면 그 사람은 유혹자의 장비 세트를 꺼내든 것이다. 한편 그 사람은 틀림없이 당신에게 진정으로 이끌리는 것은 아니다. 유혹하는 사람들은 사실 그들이 유혹하려는 사람을 아는 것보다 그들의 유혹 능력을 시험하는 것에 더 흥미가 있다.

약품이나 유혹이 배제되면, 혀를 입술에 대는 것이 그 사람의 일상적인 습관인지 혹은 변화에 해당되는지를 자문해보라. 변화의 경우 다른 변화가 다발로 이루어지는가? 이 새로운 동작들이 거짓말과 연관되는가? 이 변화의 출현과 연결된 대화 주제는 무엇인가? 당신의 자료를 역-확인하기 위해 대화 후 가능한 한 빨리 당신이 혼자 있을 때 수많은 질문을 규명해볼 수 있다.

진정한 혹은 가식적인 웃음

당신의 동료가 당신에게 웃음을 던진다. 그는 당신을 다시 보게 되어서 정말 즐거운 것인가 혹은 그의 웃음은 단순한 예의의 표시일까? 옛 친구를 아주 오랜만에 만났다. 그의 웃음은 진실한 것일까? 릴리안 글라스는 강요된 웃음으로 당신을 맞이하는 사람은 당신을 진정으로 좋아하지 않는다고 생각한다. 여러 사회적 상황에서 사람들은 자동적으로 신경 쓰여서 웃는다.

사회학자 어빙 고프만에 따르면, 웃음은 말없이 상대에게 아무런 적대감이 없다는 것을 느끼게 해주면서 본론에 들어가는 것을 부드럽게 해주는 관례적인 방법이다. 아랫사람에게 있어서 웃음은 윗사람의 후의를 얻는 방법이다. 또한 고프만이 1970년대 미국 사회에서와 마찬가지로 광고에서 발견한 것은, 혼성 모임에서 남자들보다 여자들이 더 많이 과장되게 웃는다는 것이다. 1993년 퀘벡 잡지에 실린 광고를 분석한 나의 학위 연구 결과도 같은 주제를 다루고 있다.[43]

한 사람을 직접적으로나 혹은 사진으로 주의 깊게 관찰하면 진정한 웃음과 인공적인 웃음, 일그러진 웃음과 입술을 꼭 다문 웃음, 신경 쓰인 웃음, 수줍은 웃음을 구별할 방법이 있다.

진정한 웃음

진정한 웃음은 전적인 기쁨을 표현한다. 우리는 누군가를 만나게 되어 기쁠 때 혹은 그의 말이 진짜 재미있을 때 진심으로 웃는다. 어떻게 진정한 웃음을 알아볼까? 아래 부분만이 아니라 얼굴 전부에 집중하면 된다. 진정한 웃음은 눈에 주름이 잡히게 한다. 어린 아이들조차도 웃을 때는 눈에 주름이 잡힌다. 진정한 웃음은 얼굴 전체를 환하게 한다. 눈이 빛나고 광대뼈가 드러나며, 치아가 보인다.

내가 아는 착한 남자 하나는 너무 일찍 주름이 질까 두려워 웃을 때 눈가에 주름이 잡히지 않도록 애쓴다. 이러한 염려는 보통 여자들의 전유물인데, 지혜보다는 젊음을 중요하게 여기는 우리 사회에서 늙는 두려움은 이제 여자들의 전매특허가 아니다. 나이가 39살인 이 남자는 아이크림이나 웃지 않으려는 노력에도 불구하고 주름이 지고 말았다. 그렇다고 주름이 매력적인 모습을 해치지는 않았다(잘생긴 것과 주름살이 같이 할 수 있다!). 그렇지만 그의 인공적인 웃음은 주변사람들에게 불편함을 안겨주었다. 그의 직원들이나 가족이 그를, 실제로 그렇지 않더라도, 천박하다고 여기는 것은 놀라운 일이 아니다. 참 유감스러운 일이다!

인공적인 웃음

당신은 청소년기에 가족사진 찍으러 갈 것을 강요받은 것을 기억하는가? 당신은 다른 사람들처럼 활짝 웃으려고 노력했지만, 당신의 눈은 이 행사에 억지로 참가한 당신의 불만족을 나타내고 있다. 웃음은 따라하기 쉽지만 진정한 웃음은 완전히 모사할 수 없다. 자신이 느끼지 않는 감정을 꾸며낼 때에는 얼굴 표현이 같은 강도를 보일 수 없다. 예의상, 신경 쓰여서 혹은 이해관계로 웃는 사람은 눈이 웃음을 부인할 뿐만 아니라 광대뼈도 움직이지 않는다. 얼굴의 아래 부분만이 웃게 될 것이다. 앨범에 있는 사진을 살펴보거나 신문, 잡지 혹은 책 표지에 눈길을 던져보라. 얼굴 아래 부분을 가리고 눈에 집중하라. 눈에 주름이 있는가? 눈의 표현이 즐거운가 혹은 적대적인가? 후자의 경우라면 그것은 거짓 웃음이다.

인공적인 웃음은 눈을 개입시키지 않고서도 치아를 보인다. 치아를 보이는 것은 공격적인 의미를 담은 동물적 동작이다. 동물들은 필요가 느껴지면 공격할 수 있다는 것을 그렇게 보이는 것이다. 우리는 우리의 동물적 측면을 너무 자주 잊는다. 웃음이 공격적이 될 수 있다. 무의식적으로 그것을 숨겨진 협박으로 지각하게 되어, 사람들이 우리에게 육식동물의 웃음을 보일 때 불편함을 느끼게 되는 것이다. 신경 쓰인 웃음도 역시 언어적 혹은 물리적인 잠재적 공격에 대한 복종 동작일 수 있다.

입 삐죽거림 혹은 일그러진 웃음

웃음이 절반 정도만 드러나는 경우가 있다. 입의 한 쪽은 올라가면서 다른 쪽은 내려간다. 입을 삐죽거리거나 일그러지게 웃는 사람은 자신의 진정한 감정을 드러내는 것이다. 사진이 있다면 얼굴의 왼쪽 절반을 가리고 웃음과 눈을 관찰하라. 다음에 다른 반쪽을 가리고 본다. 일그러진 웃음의 경우 그 사람이 숨기려는 감정이 무엇인지를 분명히 알게 된다.

때때로 웃으면서도 얼굴 양 옆의 주름은 밑으로 처지는 경우가 있다. 만화영화 『피노키오』에서 피노키오가 크라필이라는 새 친구와 담배를 피울 때가 그런 경우였다. 친구가 그에게 "그럼 한번 크게 웃어볼까?"라고 제안한다. 피노키오는 방금 연기를 들이마신 뒤였고 얼굴이 창백해졌다. 그는 머리를 끄덕이고 웃음을 지었지만 얼굴 주름은 아래로 처졌다. 더구나 눈꺼풀이 4분의 3은 내려왔고 한 점에 고정된 것처럼 보이는 두 개의 동공을 드러내고 있다. 화가는 거짓말쟁이의 일그러진 웃음을 잘 표현했다. 피노키오의 머리 끄덕임을 거짓 웃음이 항변한다. 그의 동의에도 불구하고 그는 정말 재미가 없었던 것이다!

꼭 다문 입술의 웃음

입술을 오무리거나 다문 상태의 작은 웃음은 진정한 웃음이 아니다. 그 사람은 웃으려고 노력했지만 그렇게 하지 못한 것이다. 종종 그것은 신경 쓴 웃음이다. 그렇지만 몇몇 사람들은 자신의 치아 모양을 좋아하지 않기 때문에 웃는 것을 불편해한다는 것을 잊어서는 안 된다. 또한 소심한 사람이 작은 웃음이 절제된 기쁨을 나타낼 수 있다. 그는 당신을 보게 되어 기쁘지만 기쁨을 분명히 당신에게 보이지 못하는 것이다. 사람들을 잘 모를 때 혹은 숨기고 싶은 연정이 있을 때 종종 그렇다. 우리에게 본심을 드러내는 것은 눈이다. 눈도 함께 웃고 있고 눈가 주름살이 강조된다면 그 사람은 비록 치아를 드러내지 않는다 해도 진짜로 당신을 보게 되어서 기쁜 것이다.

나는 종종 작은 웃음을 짓는데, 특히 내가 잘 모르는 사람을 만났을 때, 혹은 언론 매체를 위한 사진을 찍을 때가 그렇다. 내가 그때 진짜로 웃은 유일한 경우는 사진사가 나를 웃길 때였다. 그러나 그 사진은 지금까지 출판용으로 선택된 경우가 없다. 나는 적절치 않은 커다란 웃음을 터트리기보다 '웃음 띤' 눈으로 작은 미소를 짓는 것을 선호한다.

누가 웃음을 체하는가?

사무실에서 당신이 최근의 낭만적인 연애에 관한 짜릿한 이야기에 더할 나위 없이 기쁜 마음으로 빠져 있다. 2년 동안 애인 없이 지낸 당신의 동료는 아마 당신 말을 듣기 싫어하지 않을까? 이런 경우 그의 귀는 가려움증을 느낄 것이다. 부모에게 야단맞는 것을 원하지 않는 아이들은 귀를 꽉 막는다. 이 동작은 문명화된 성인에게도 유적처럼 남아 있다. 시네골로지 학자 튀르셰는 이것과 관련해 우리의 주의를 기울이게 한다. 당신의 대화 상대가 귓불을 긁으면 "네가 하는 말이 신경 쓰여"라고 감히 말하지 못하는 것이다. 그에게 솔깃한 소문을 옮기면 그의 귀 바깥쪽이 따끔거린다. 그가 긁는 것은 "네 말은 나와 상관없어"를 의미한다. 다음에 당신이 그에게 사적인 사소한 이야기를 털어놓는다. 그는 귀에 손가락을 갖다 댄다. 그러면 그는 당신이 지금 말한 것을 듣지 않았으면 좋았을 것이다. 그의 얼굴이 어떤 표현도 나타내지 않더라도 그는 자신의 포커페이스 가면 아래 섬세하게 숨긴 감정을 분명히 느끼고 있을 것이다. 즉 귀찮음 혹은 권태. 귀에 댄 그의 손이 그것을 드러낸다.

그의 마음에 들었을까? 그의 얼굴이 그걸 말한다

앞장의 상황을 다시 생각해보자. 칵테일 바에서 당신 마음에 드는 누군가를 만난 상황이다. 아름다운 여자에게 집중하자. 당신과 시선이 마주칠 때 그녀가 한 쪽 손을 머리카락으로 가져가는가? 당신이 마음에 든다는 기호이다. 그녀는 당신의 시선을 피하면서도 당신에게 곁눈으로 시선을 보낸다. 그것은 당신이 그녀를 겁먹게 해서 그런 것인데, 그렇다고 그녀가 흥미가 없다는 것은 아니다. 반대로 당신이 그녀에게 다가가자, 그녀는 광대뼈를 드러내고 눈가에 주름이 잡히게 솔직하게 웃는다. 더구나 그녀의 얼굴이 약간 붉게 물든다. 당신이 진정으로 그녀의 마음에 든 것이다. 그녀는 당신을 똑바로 쳐다보기 시작한다. 그녀를 끌어들이기 시작했다는 신호다. 동공이 팽창하는 것은 욕구 혹은 애정의 표시다. 그 예쁜 여자가 윗입술 중간 부분을 부드럽게 왼쪽에서 오른쪽으로 쓰다듬는다. 튀르셰에 의하면 그것은 관능적 욕구의 표현이다. 그녀의 몸이 당신에게 고백한다. "당신을 원해요." 반대로 이 미약한 쓰다듬기가 위에서 아래로 이루어지면 의미는 완전히 달라진다. "내게 가하는 당신의 압력은 나를 신경질 나게 합니다. 나와 함께 할 때의 당신 태도를 좋아하지 않아요."[44] 욕구와 귀찮음의 경계는 때로는 방향의 차이밖에는 아닐 수 있다.

만약 낭신이 여행을 많이 했다고 털어놓았고, 그녀가 대답하기 어떤 사람이 당신을 보게 되어서 정말로 만족하는지를 아는 좋은 방법은 그가 당신을 알아보는 순간 얼굴을 주의 깊게 살피는 것이다. 이렇게 하려면, 공공장소에서 약속을 하지 않는 것이 좋다. 가장 좋은 방법은 그의 집을 방문하거나 당신의 집에서 그를 맞이하는 것이다. 그의 눈을 잘 볼 수 있도록 조명을 밝게 하라. 그것이 사랑이든 친구이든 간에 누군가를 좋아하면, 눈썹이 자동적으로 움직인다. 약 1초 사이에 눈썹이 올라갔다가 다시 내려오고, 얼굴은 진정한 웃음으로 밝아지고, 광대뼈가 드러나고 눈가 주름이 굵어진다.

비록 지각하기 힘들지만 관심을 나타내는 확실한 기호는 눈이 촉촉해지면서 동공이 확장되는 것이다. 이것은 연한 색 눈을 가진 사람에게서는 더 쉽게 포착된다. 진한 색 눈을 가진 사람이 신비롭다고 하는 이유가 바로 이것이다. 동공이 홍채와 더 많이 혼동되어 그 변화가 잘 보이지 않는다.

어떤 사람이 당신을 진실로 좋아한다면 그의 얼굴은 생기가 있고 시선이 살아 있으며 당신을 직접 쳐다본다. 그의 눈이 이곳저곳을 돌아다니지 않는다. 그의 시선은 부드럽고 상냥하다. 그의 입은 긴장이 풀리고, 턱은 약간 느슨하고 신상감이 없다. 이러한 유형의 얼굴 표현은 그 사람이 열려 있고 안전하다고 느끼며 당신을 신뢰한다는 것을 드러낸다. 물론 이 사람이 당신을 좋아하지만, 고민하고 스트레스를 받았고 불안하면, 그의 얼굴에서 그것을 감지할 수 있다. 그것은 당신을 거부하는 기호가 아닐 것이다. 그 사람이 당신에게 속내 이야기를 하도록 하기 위해서는 이야기를 먼저 시작하면 될 것이다. 그 사람은 그렇게 할 것이다. 왜냐하면 당신을 좋아하고 신뢰하기 때문에.

전에 침을 어렵게 삼킨다면 그녀는 방금 자신의 욕구를 드러낸 것이다. 그녀는 틀림없이 여행을 꿈꾸고 있지만 여건이 안 되거나 혹은 홀로 여행할 엄두가 나질 않는 것이다. 어떤 사람이 당신에게 욕구를 갖고 있는지를 아는 좋은 요령은 당신에 관한 좋은 소식을 그에게 전한 뒤 그 사람이 어렵게 침을 삼키는지를 관찰하는 것이다. 그렇게 당신은 당신의 불행이 아니라 좋은 일을 즐거워해주는 당신의 진정한 친구가 누구인지를 알게 된다.

제6장

음성 코드 :
목소리는 단어보다 더 많이 말한다

진실을 알면서도 외치지 않는다면
당신은 거짓말쟁이들과 공모하는 것이다.

샤를르 페귀(CHARLES PÉGUY)

당신은 불만에 찬 사람에게 그가 갖고 있는 것을 요구한 뒤 "없어요"라고 퉁명스러운 대답을 들은 경우가 있는가? 단어와 대조를 이루는 그의 목소리 톤이 진실을 말해준다. 그는 화가 나 있다. 그것은 '없어요'가 아닌 것이다. 나의 책 『불평 그만해!』에서 그것에 대해 살펴본 바 있다. 불만스런 사람도 약간은 거짓말쟁이다. 끌리는 사람을 만났는데 그 사람이 입을 열자마자 그 사람으로부터 등을 돌렸던 것을 기억하는가? 목소리에 민감하고, 목소리 코드를 지각하는 것은 신경생물학적인 경험이다. 우리는 소리에 잠재적으로 반응한다. 우리는 어떤 음조, 소리를 좋아하거나 혹은 좋아하지 않는다. 참거나 혹은 참지 못한다.

한 사람이 자신의 안에서 생각하거나 느낀 것은 그의 목소리 톤으로 드러난다. 목소리에 모두 담겨 있다. 체념, 기쁨, 초조… 내용은 허위로 울릴 수 있어도 목소리는 진실을 말한다. 목소리는 느껴진 것의 척도이다. 한 사람의 목소리 톤은 그의 정신 상태, 정신 건강, 당신에 대한 그의 느낌을 크고 세게 말한다.

목소리 코드는 보편적이다. 텔레비전을 켜고 외국어로 된 연속극이나 영화를 보라. 말은 아무것도 알아들을 수 없지만 그들의 목소리 톤만으로도 인물들이 느끼는 감정을 파악할 수 있을 것이다. 불평하거나, 슬프거나 혹은 화가 난 사람이 그의 상태를 감추려 하지 않을 때 그의 톤을 해독하는 것은 쉽다. 우리 감정을 목소리를 통해 드러내려고 한다면 메시지는 명확하다. 그러나 미세한 불안, 약한 걱정이나 두려움은 목소리에 특별한 주의를 기울이지 않는 한 알아차릴 수 없다. 목소리 코드는 가장 못 알아차리는 것일 수 있다. 다른 사람을 조종하기 위해 목소리 톤을 가장하는 것도 가능하다.

이번 장의 내용을 읽은 뒤에는 목소리의 어조, 음량, 높이 등의 변화 뒤에 숨은 감정이 무엇인지 알게 될 것이고, 더불어 진실성이 결여된 목소리 스타일을 구분하게도 될 것이다. 말에만 기대는 것 대신에 목소리 톤에 더 많은 신뢰를 갖게 될 것이다. 누군가 당신에게 "잘 지냅니다"라고 말하면 당신은 그 내용에 믿음을 갖기보다, 상대가 이 인사말을 할 때 진정으로 말하고 싶어하는 것이 무엇인지 알 것이다. 당신은 실망하지 않게 될 것이다. 왜냐하면 목소리 톤에 따라 약속이 지켜질지를 미리 알게 될 테니까.

테스트 : 단어 뒤의 목소리를 듣는가?

당신의 최근 대화를 기억해낸 뒤, 다음 질문에 대한 대답을 '예', '아니오', '모르겠음'으로 종이에 써보자.

1. 상대의 목소리가 너무 높은가?
2. 당신이 겨우 들을 정도로 낮게 말하는가?
3. 목소리가 가늘게 떨리는가?
4. 너무 빨리 말하는가?
5. 말하기 시작할 때나 대화 도중에 소리를 '공격'하는 느낌을 당신에게 주는가?
6. 목소리가 문장 끝에서 죽어버려서 마지막 단어를 듣기 힘든가?
7. 목소리가 침울하고, 권태롭고, 활력이 없는가?
8. 목소리가 부드럽고, 감미롭지만, 톤은 과도하게 오르내리는가?
9. 천천히 침착하게 단어 하나하나를 정확하게 발음하면서 말하는가?
10. 당신에게 인공적으로 보이는 유혹적인 목소리를 사용하는가?

'예', '아니오'로 대답하는 것이 많을수록 당신의 목소리 의미 지식이 좋을 것이다. '모르겠음' 대답이 많을수록 메시지를 이해하기 위해 목소리에 의지하는 것이 덜하고 단어를 더 많이 믿을 것이다.

목소리와 감정

"어떻게 지내?" 우리는 이 질문을 일주일에 열 번도 넘게 듣는다. 기대되는 대답으로 계속 반복되는 것은 "잘 지내"이다. 이 표준적인 대답은 톤이나 목소리에 따라 수없이 많은 의미를 가질 수 있다. 아무도 자신의 기분, 불편함, 번민을 완전히 표현하지 않는다. 목소리 덕분에 우리는 긴장, 감정을 습관적으로 탐지해 낼 수 있다.

글라스에 따르면 60%에서 65% 정도의 경우 그 사람의 감정 상태를 성공적으로 파악해낼 수 있다. 우리가 다른 사람의 말을 진정으로 듣고 목소리에 주의를 기울이면, 이 비율은 더 올라간다. 당신 주변사람이 어떤 톤으로 "잘 지내"라고 말하는지를 잘 들어보라. 그것이 그들의 안락함의 상태를 진정으로 당신에게 말해주는 유일한 지표로서, 단어로는 파악할 수 없다. "잘 지내요. 고맙습니다"라는 표현은 관습적인 것이고 주로 통로확인 기능을 담당한다. 즉 다른 사람과의 대화 통로를 유지해주는 데 사용된다.

각각의 이야기는 두 개의 대화 층위를 포함한다. 그 중 하나는 단어를 사용하고, 다른 하나는 목소리 톤을 사용한다. 때로 이 둘은 서로 일치하지만 종종 불협화음을 이룬다. 우리는 이렇게 감정의 숨바꼭질을 하는 데에 익숙하다. 우리는 우리 감정을 분명히 드러내지 않고 우리 목소리에 비쳐 보이게 한다. 우리 마음속의 것을 말로 하기보다 한숨을 쉬거나, 부드럽고 작은 목소리를 사용하거나 단음절로 대답한다. 그러면서 우리는 상대가 결국 "뭐가 문제야?"라고 물어봐 주기를 바란다. 이 질분은 우리의 짐

2000년 10월 17일, 조지 부시(George W. Bush)와 앨 고어(Al Gore) 사이의 세 번째 텔레비전 토론 당시, 이 두 미국 대통령 후보는 음성 분석기인 트러스터(Truster)의 검사를 받았다. 이 프로그램은 정치인들의 목소리에서 거짓말에 근접한 수많은 과장과 변형을 찾아냈다. 부시는 23개, 고어는 57개였다. 음성 분석기는 사람이 스트레스를 받을 때 만드는, 귀로는 들을 수 없는 성대의 미세한 진동들을 탐지했다. 이론에 따르면, 자신의 견해를 조절해야 하는 거짓말쟁이는 진실을 말할 때보다 더 많은 스트레스를 드러낸다는 것이다. 거짓말 탐지기처럼 이 프로그램도 100%의 신뢰도에는 많이 못 미친다. 초기 버전에서 이 프로그램은 빌 클린턴(Bill Clinton)이 모니카 르윈스키(Monica Lewinski)와 성관계를 맺지 않았다고 주장하는 것을 믿었다.[45] 클린턴은 거짓말한 것을 부인했다. 왜냐하면 그에게는 오랄섹스는 성관계가 아니었기 때문이었다. 이 사건 이후로 수많은 미국 청소년들이 자신의 성적인 금욕을 선언하면서 여론조사를 왜곡했다!

꾸러미를 열어 안을 비우기 위해 기다리던 허가증을 우리에게 준다. 그 행동은 부정직하거나 작위적으로 보이기도 하지만, 우리의 사회화의 산물이다. 우리는 다른 사람을 자극하지 않기 위해 부정적인 기분을 말하지 않도록 배웠다. 따라서 우리는 메시지를 전달할 수 있도록 목소리 톤을 이용하는 것이다. 우리 사회는 이런 종류의 작은 거짓말들에 기초한다. 그것들은 잦은 사소한 충돌이 없이도 사회가 기능하게 하고, 삐걱거리는 톱니바퀴에 기름을 쳐준다.

낮은 목소리로 거짓말하기

목소리 성량의 변화는 커뮤니케이션하는 순간 그 사람의 에너지 크기를 보여주는 훌륭한 지표이다. 유쾌한 감정은 에너지의 증가로 연결되고 역도 성립된다. 성량의 변화는 감정의 변화를 반영한다. 그것을 포착하면 상대의 감정 상태를 알게 된다.

성량의 증가

평소에는 강하게 말하지 않는 사람들의 목소리 성량이 증가하면 그것은 흥분, 두려움, 분노의 영향으로 발생한 것이다. 그것은 또한 관심을 끄는 한 방법이 되기도 한다. 한편 목소리 모델과 성격과의 상관관계를 규정한 릴리안 글라스에 의하면, 지속적인 강한 목소리는 억눌린 커다란 분노와 적대감을 보여주는 것이라고 한다.

성량의 감소

성량을 감소시키는 것은 어떤 특별한 화제에 대해 강세를 최소한으로 하려는 방법이 될 수 있다. 왜냐하면 관심을 끌고 싶지 않기 때문이다. 나와 함께 레스토랑에서 저녁식사를 하던 친구가 섹스 이야기를 시작할 때 갑자기 목소리를 작게 한다. 비록 다른 사람들이 멀리 떨어져 있어서 우리 대화를 들을 수 없음에도 불구하고 친구는 그들의 관심을 끌고 싶지 않있기 때문이었다.

목소리 성량이 항상 작은 사람들은 부드럽고 소심한 느낌을 준다. 그런데 글라스에 의하면 그들의 성격은 반대일 수 있다. 부드러움이나 소심함의 반대인 것이다. 아주 작은 목소리 톤은 사실다른 사람들에게 다가오게 하고 계속 반복해달라는 요구를 하게한다. 그것이 주변사람들을 조정하는 것을 어느 정도 가능하게한다. 또한 그것은 조작 전략일 수도 있다. 디미트리우스는 너무부드러운 목소리 또한 다른 징후를 동반한다면 거짓말의 기호가될 수 있다고 주장한다.

문장 끝에서 목소리를 작게 하는 사람은 주장하는 것이 별로 중요하지 않다는 느낌을 준다. 글라스가 관찰한 바로는 시도한 것을 끝내지 않는 사람들이 말하는 동안에 종종 톤을 작게 하는 경향이 있다.

원래 약한 목소리를 갖고 있지 않은 사람들에게 있어서 성량의감소는 슬픔, 낙심 혹은 커뮤니케이션에서 물러남을 표현할 수있다. 이 사람들의 어깨가 처지고 등이 굽었는지 확인하라. 그것은 슬픔 혹은 일시적인 의기소침의 기호이다.

톤의 감소는 또한 몇몇 경우에 거짓말의 기호가 된다. 그것은마치 그 사람이 "어차피 거짓말할 바에는 아주 작게 하라"라고 무의식적으로 자신에게 말하는 것과 같다.

목소리의 높이

날카로운 목소리는 종종 거짓말과 연관된다. 목소리의 무게 또한 숨김을 드러낼 수 있다.

날카로운 목소리

후두 근육이 수축하면 목소리는 높아진다. 일반적으로 흥분, 낙심 혹은 분노와 같은 강한 내적 반응에 지배를 받으면 목소리는 더 날카로워진다. 또한 우리 목소리는 우리가 아주 신경질적이 되거나 자신에 대한 신뢰가 결여될 때, 혹은 다른 경우에도 날카로워질 수 있다. 집으로 손님을 초대하는 많은 사람들의 경우가 여기에 해당된다. 다음번에 저녁식사 초대를 받으면 식탁으로 오라고 말하는 여주인의 목소리를 들어보라. 요리법에 관한 방송, 책이 넘쳐나면서 초대하는 것은 이제 커다란 스트레스의 원인이 된다. 주인들은 손님을 편하게 대접하고 싶어하지만 평소보다 더 날카로워진 그들의 목소리가 신경과민을 드러내고, 불행하게도 손님들을 불편하게 만든다.

영화 『피노키오』와 『거짓말쟁이 자콥』을 보았는가? 그 영화들은 거짓말로 비롯된 날카로운 목소리의 예를 잘 보여준다.

피노키오와 거짓말쟁이 자콥 : 목소리는 속이지 않는다!

학교로 향하는 길에 피노키오는 여우와 졸개를 만났는데 학교를 빼먹고 놀러가자고 부추긴다. 그러나 피노키오는 자신의 수호자인 귀뚜라미 지미니와 학교에 가기로 약속한 것을 떠올렸다. 피노키오는 나쁜 친구들을 물리치고 가던 길을 간다. 여우는 달콤하고 아주 날카로운 목소리로 속식이면서 그에게 아양을 떨었다. 피노키오가 그냥 가버리자 여우는 낙담했고, 목소리가 더 날카롭게 되었다. 그는 인형극단장에게 그를 팔 속셈이다. 그는 유명해질 것이라고 유혹하면서 피노키오를 끌어들이는 데 성공한다. 피노키오는 공연을 대성공으로 마쳤지만 즉시 새장 안에 갇히는 신세가 되었다. 다행스럽게도 푸른 요정이 그를 풀어주기 위해 나타난다. 그러나 그 이전에 피노키오를 취조한다. 피노키오는 학교에 가지 않은 이유를 설명하려고 거짓말한다. 처음에는 진실로 시작하지만 나중에는 거짓말로 이어갔다. 학교에 가는 도중에 괴물에게 잡힌 것처럼 말한다. 그가 거짓말할수록 그의 코는 점점 커진다. 요정은 그것이 사실인지를 묻고, 그는 가성으로 외친다. "맹세컨대 진실만을 말했어요." 가냘픈 그의 목소리가 문장 끝에서는 더 날카로워지고 그의 코는 더 길어지고, 그 끝으로 새둥지가 나타난다. 그의 목소리가 높아진 것은 두려움의 영향이다. 요정이 슬기롭게 설명한다. "이렇게 거짓말은 커지고 커져서, 얼굴 가운데 코처럼 드러나게 된다." 명백한 사실 앞에서 피노키오는 울기 시작하고 결국 진실을 털어놓는다.

제2차 세계대전 당시 폴란드 유태인 거류지에서 벌어지는 일을 담은 영화 『거짓말쟁이 자콥』에서 자콥은 라디오를 가진 것처럼 꾸몄는데 라디오는 독일인들이 금지한 품목이었다. 그는 독일인들의 까다로운 요구와 폭력에 시달리는 동족들에게 희망을 주기 위해 허위 소식을 이야기한다. 그는 포로수용소로 가는 기차에서 탈출한 작은 소녀를 구해주었다. 그는 소녀에게도 역시 러시아인들이 도착한다고 거짓말한다. 아이가 그에게 묻는다. "정말 사실이에요?" 자콥은 서둘러 대답한다. "내가 그런 일을 거짓말할 것 같아?" 이 새로운 거짓말을 하면서 그의 목소리는 더 날카로워진다.

무거운 목소리

목소리가 낮아지는 것은 대화의 화제에서 빠져나오려는 욕구를 나타낸다. 목소리가 더 무거워지는 것은 그 사람이 자신을 의기소침하게 하는 화제에 대해 말하는 것을 의미하거나 혹은 그 화제에 의해 충격받은 것을 감추려는 것을 의미한다. 텔레비전 뉴스 아나운서를 생각해보라. 공적인 인물의 죽음 혹은 재난을 알릴 때 그들의 목소리는 낮아진다.

불안정한 어조

어조(語調)는 말의 가락을 뜻한다. 어조의 변화는 대화 중인 화제에 대한 말하는 사람의 감정적 반응의 변화를 나타낸다. 그런 경우라면, 그것을 참작하고 우리의 태도를 변화시키는 것이 중요하다. 월터스에 의하면, 어조가 많이 변화하는 경우는 사람들이 자신을 불편하게 만드는 정보를 전달하려고 준비할 때, 혹은 그들의 견해가 상대의 분노를 유발할 수 있을 때이다.

어조의 가속

어조의 상승은 종종 분노, 신경과민, 초조, 두려움, 흥분 등에서 기인한다. 파티에 다녀와서 있었던 일을 모두 말하려는 아이를 생각해보라. 이미 말한 것을 여러 번 반복할 때에도 역시 어조가 상승할 수 있다. 한 청소년이 어떻게 자동차를 망가트렸는지를 설명하기 위해 아버지에게 말할 것을 미리 여러 번 반복하는 것을 생각해보자. 그는 사실들의 한 측면을 꾸며내고 반복 연습을 해서 아버지의 분노를 최소화하려는 것이다.

거짓말을 현장에서 들키는 두려움도 거짓말쟁이들이 말을 빨리 하게 자극하는 요인이다. 상대가 화를 내기 전에 빨리 설명하려는 것이다. 어떤 경우에는 사건을 말하다가 자신도 모르게 거짓 말하게 되고 결국 말이 일관성 없게 된다. 그 사람은 이야기를 일관성 있게 하려고 더 빨리 말한다. 거짓말을 할수록 어조는 가속된다. 따라서 어조의 상승은 거짓말을 표시할 수 있다. 피노키오나 거짓말쟁이 자콥의 경우가 바로 이것이다. 이 경우 말을 빨리 하기 시작하는 사람은 단어의 장벽으로 진실을 흐리려고 하는 것이다.

어조의 감속

어조의 감속은 슬픔, 흥미 상실, 특성 와세에 집근하기 이러움 등에서 기인한다. 만약 당신의 상대가 보통 속도로 말하다가 갑자기 어조를 늦추면, 그는 망설이거나 혹은 진실을 말하지 않으려고 변명거리를 찾는 것이라고 볼 수 있다. 어떤 사람들에게서는 어조 감속이 거짓말의 징후가 될 수 있다. 상대가 다른 이유로 말을 천천히 하기 시작할 수도 있다. 아마도 자신에게 중요한 어떤 것에 가치를 두려고 할 수도 있는 것이다. 또한 불안, 혼란, 슬픔 혹은 피곤한 상태일 수도 있다. 그의 몸을 관찰하라. 필요에 따라 그가 피곤한지 혹은 슬픈지를 물어보라. 이 질문은 아마도 그가 자신을 열기 위해 필요한 열쇠가 될 수도 있다.

목소리 스타일과 그 의미

여러 연구에 따르면 성격의 특성은 목소리와 이야기의 특징들로부터 추론될 수 있다. 더구나 한 사람이 표현하는 방법은 다른 사람들이 그 사람을 지각하는 것에 상당히 영향을 미친다.

목소리를 해독하려 할 때 가장 중요한 것은 원래의 목소리와 일시적인 변이를 구별하는 것이다. 전자는 성격을 보여주고 후자는 순간적인 감정 상태를 반영한다. 화를 잘 내는 사람은 거의 항상 강하고 날카로운 목소리를 낸다. 그것이 그의 음성 유형이고 그의 항구성이다. 쾌활한 사람이 갑자기 화를 내면 목소리가 크게 변한다. 그 사람이 화를 내는 일이 자주 있지 않은 만큼 심각하게 그것을 받아들인다. 그의 습관적 음성 코드에서 일탈한 것이다.

떨리는 목소리

글라스에 따르면 목소리가 떨리는 사람은 대개 화가 났거나 혹은 신경과민 상태이다. 그들은 다른 사람들의 의견과 그들에게 일어날 일을 심각하게 걱정한다. 기분을 조절해주는 일부 향정신성 약품은 목소리 특성을 변화시키고 떨림을 유발할 수 있다. 이 경우 원인이 된 것은 그의 감정이 아니라 약품이다.

대중 앞에서 말하는 데 익숙하지 않은 사람들이 느끼는 공포심
도 역시 떨림을 유발한다. 어떤 사람이 당신에게 모든 일이 잘 될
것이라고 말하면서 목소리가 떨리면 목소리를 믿는 것이 좋다.
그 사람은 앞으로 일어날 일을 걱정하고 있지만 당신에게 그것을
표현하고 싶지 않은 것이다. 자기 자신 혹은 자신이 좋아하는 사
람들을 보호하기 위해 자신이 거짓말하는 것에 놀라는 정직한 사
람은 목소리가 떨릴 수 있다. 그 사람은 신경이 긴장되어 있고 놀
라게 할까 봐 두려운 것이다.

예를 들어 당신 동료에게 아이와 남편이 잘 지내는지 묻는다.
그녀는 "잘 지내"라고 대답하면서 목소리가 가늘게 떨린다. 사실
그녀의 아들이 자기 아내와 별거 중이라는 사실을 밝히지 말아달
라고 부탁을 했던 것이다. 그녀는 그래서 아들의 말을 따라 당신
에게 진실을 말할 수 없는 것이다. 그러나 그녀는 거짓말한 것이
불편하다. 정직성을 가장 기본적인 가치의 하나로 생각하기 때문
이다. 그래도 가족 유대가 정직성을 뛰어넘는 것이고 따라서 그
녀의 선택은 동료에게 거짓말하는 것이다.

의도적으로 유혹적인 목소리

사람이 성적으로 흥분하게 되면 그의 목소리는 더 무거워진다.
기회가 되면 그것을 확인해보라. 그것은 생리적인 것이다! 유혹
자들은 욕망을 가장하고 유발하기 위해 의도적으로 목소리 높이
를 낮춘다. 어떤 사람이 섹시하고, 숨 가쁘고, 유혹하는 목소리
로 당신에게 말을 걸면 그 사람은 놀이를 하는 것이므로 안심하

라. 그는 자신의 유혹 능력을 시험하려는 것으로서 자신의 가치를 높이는 데 다른 사람들을 이용하는 것이다. 그 사람이 당신의 흥미를 끌었다는 느낌을 갖고 있는데 또 다른 사람에게 같은 방식으로 말을 거는 것을 듣는다면 당신은 매우 실망하게 될 것이다. 이런 유형의 목소리를 쓰는 사람을 진실한 사람으로 생각해서는 안 된다.

샌디에이고 대학의 언어학 교수인 수잔 헤이든 엘진(Susan Hayden Elgin)에 따르면, 사실 유혹하는 목소리를 가진 사람들은 신뢰성도 진실성도 없다. 그들은 다른 사람들을 조종하고 목적을 달성하기 위해 마릴린 몬로, 클라크 게이블의 목소리를 흉내 낸다. 그들이 원하는 것처럼 관심을 기울이지 않는 것이 요령이다. 그들은 덜 인공적인 보통 목소리로 재빨리 돌아가 버리거나 혹은 좀더 쉬운 먹잇감을 찾기 시작할 것이다.

달콤한 목소리

유혹적인 목소리와 마찬가지로, 달콤한 목소리도 인공적인 것이다. 우리는 그러한 목소리로 태어나지 않는다. 그렇게 하면 보상을 받기 때문에 그것을 배우는 것이다. 당신이 달콤한 목소리를 신뢰할 수 없는 것은 단지 그것이 '진짜' 목소리가 아니기 때문이다. 항상 만족스럽고, 정답고, 상냥한 척할 수는 없다. 보통 사람들은 다양한 감정을 느끼며 그것을 목소리로 표출한다. 어떤 사람이 항상 같은 음조를 지어 보이면 그 사람은 자기 목소리를 그렇게 번조하려고 노력하는 것이다. 따라서 진실한 사람이 아니다.

만약 어떤 사람이 보통 때와는 달리 갑자기 달콤한 목소리를 내면 당신에게 무언가 부탁할 것이 있는 것이 확실하다. 많은 사람들은 주변사람들을 감언이설로 속여 자기 편으로 만들려고 달콤한 목소리를 낸다. 속지 마라!

달콤한 거짓말

크리스텔은 조아킴과 5년 전부터 함께 살고 있다. 그들이 교제를 시작할 무렵, 리용에 있는 한 회사에 같이 근무할 때, 그녀는 그가 너무 자주적이고, 감정이 메말라 있다고 생각했다. 파리에서 그녀가 주관한 회의가 열렸을 때 성공적으로 행사가 치러진 것을 모두 하나같이 축하해주었다. 그러나 너무 절망스럽게도 조아킴은 어떤 칭찬도 하지 않았다. 갑자기 그녀에게 한 가지 생각이 떠올랐다. 이틀 후 사무실로 돌아와서, 이국적인 꽃으로 장식된 커다란 꽃다발을 (자신에게) 배달시켰다. 첨부된 카드에는 "매력적이고 어여쁜 능력 있는 주최자에게 축하를. 숭배자로부터." 그녀는 조아킴의 사무실로 달려가서 뜨겁게 감사했다. 그는 무슨 일인지 모르겠다고 말했다. 크리스텔은 그에게 미소 지으며 달콤한 목소리로 속삭였다. "이봐 조아킴, 당신 말고 도대체 누가 그렇게 멋진 글과 아름다운 꽃을 보낼 수 있겠어?" 호기심이 생긴 그는 그녀의 사무실로 가서 꽃과 카드를 살펴보았다. 그는 솔직하게 그것이 자신이 보낸 것이 아니라는 것을 이야기했다. 크리스텔이 속삭였다. "오! 나를 비밀스럽게 숭배하는 사람이 있단 말이지. 당신이 그것을 보냈더라면 얼마나 좋았을까." 그녀의 목소리는 강한 억양과 함께 부드럽게 꾸며져 있었다. 2주 후에 그녀는 이전 것에 못지않은 꽃다발을 받았다. 감미로운 편지와 12송이의 붉은 장미. 그의 마음을 사로잡고 자신에게 꽃을 선사하도록 그녀가 사용한 작전을 아직도 모르는 조아킴으로부터.

강렬한 목소리

우리는 우리에게 한 마디도 허용하지 않는, 입에 엔진을 단 사람들의 목소리에서 열광과 흥분을 느낄 수 있다. 그들의 입은 쉬지 않고 총알을 내뿜는 기관총을 닮았다. 그 사람들은 무대의 앞면을 차지하는 것을 좋아하고, 그들의 목소리 스타일은 주의를 끌고 붙드는 데에 사용된다.

목소리와 감정의 관련성을 연구한 글라스와 다른 연구자들은, 아주 빠르고 열광적인 리듬으로 말하는 사람들은 그들의 억눌린 분노를 그렇게 표출하는 것이란 점을 발견했다. 이러한 이유로 그들은 다른 사람들과 쉽게 분쟁에 휘말리고, 쉽게 분노를 표출한다. 그들의 목소리 톤이 당신에게 경고했을 것이다.

무뚝뚝한 목소리

우리는 때때로 우리를 방해하는 사람에게 다정하게 대하려 노력하지만, 우리 목소리가 너무 무뚝뚝해서 불쾌함이 드러난다. 보통 때 목소리 톤이 경쾌한 사람이 우리에게 무뚝뚝하게 대답한다면 우리가 그를 방해한 것이 확실하다. 많은 사람들이 일시적으로 가질 수 있는 이러한 목소리 톤은 신경질, 실망 혹은 초조를

나타낸다. 지속적으로 이런 목소리 톤을 갖는 사람은 그들 마음
이 메마른 것을 보여준다. 그들은 자신 내부의 사막에서 많은 고
통을 당할 것이다.

걸인 사기꾼

몬트리올의 코트-데-네즈 거리에서 회색 머리의 마른 사람이 종
종 구걸을 한다. 바닥에 앉아 복종과 정직함의 표시로 손바닥을 내
민 채 그는 무뚝뚝하게 반복한다. "한 푼 줍쇼." 그의 목소리 톤은 정
직해 보이려고 애쓰는 복종의 태도와 대조를 이룬다. 때때로 경박한
바보처럼 행동한다. 나는 전에 그에게 아몬드와 초콜릿을 준 적이
있었는데, 그는 무뚝뚝하게 내게 소리쳤다. "지저분한 음식은 필요
없어. 돈을 달라고." 얼마 뒤에 나는 플라토 몽로얄 거리에서 그를
다시 보았다. 행인에게 구걸하던 가련한 기색은 온데간데 없었다.
휴대용 카세트를 듣고 있었고, 머리를 쳐들고 턱은 거만하게 내밀고
있었다. 나는 그가 자동차 앞을 지나면서 땅에 침을 뱉는 것을 보았
다. 이 거리에서 그는 거만한 불량배 행색이었다. 다른 곳에서는 무
일푼인 것처럼 행세하면서 양심적으로 행동하려고 하는 행인들을
붙든다. 그러나 무뚝뚝한 그의 목소리가 그의 진정한 성격을 드러낸
다.

침울한 목소리

계속 침울한 목소리로 말하는 사람들은 무감각하고, 냉담하고,
다른 사람을 걱정하지 않으며, 자신의 감정을 억누르는 것처럼

느껴진다. 그들은 종종 자신의 느낌을 돌아보지 않으며, 그래서 그들의 목소리에 변함이 없는 것이다. 그들은 주변사람들과 음성적, 감정적 거리를 유지한다. 의기소침한 사람 혹은 슬픔이 항상 깔려 있는 사람들은 이런 유형의 목소리를 갖는다. 그들의 풀어지고 생기 없는 톤은 다른 이들과 거리를 유지한다. 보통 대화는 (말을) 주기도 하고 받기도 하는 하나의 경험이다. 침울한 목소리의 사람과 대화를 나누는 것은 실망스러운 것일 수 있다. 그들의 활력 부족을 과도한 정열로 채워주려고 시도하면, 아주 피곤해지게 된다.

당신의 상대가 대체로 활기찬 목소리로 이야기하다가 갑자기 권태롭고 단조로운 목소리 톤을 사용하면 무언가 잘못된 것이 확실하다. 그 사람을 의기소침하게 만드는 말을 했는가? 혹은 그가 화가 났는데, 그 사람의 기질상 대부분의 다른 사람들처럼 목소리를 크게 하거나 날카로운 톤을 사용하기보다 침울한 목소리 톤으로 화를 표현하는 것은 아닐까? 자신이 진정으로 느끼는 것을 말하지 못하고 침울한 목소리 뒤로 숨어버리는 사람들이 아주 많다. 그들의 꾸민 행동을 조장하기보다는 당신이 상처를 주거나 화를 나게 만드는 말을 했는지를 물어보는 것이 좋다.

침울한 거짓말쟁이 소녀

1998년 여름 내내 나는 학생들을 지도하면서 세 명의 어린 고아들을 돌보고 있었다. 처음에는 식사와 모든 집안일과 개를 산책시키는 것까지 혼자 도맡았다. 나는 곧 과제물 정리할 시간도 없다는 것을 깨닫게 되었다. 그래서 아이들에게 도움을 요청했다. 어느 날 저녁

식탁을 차리면서 14살 난 맏이에게 식탁을 닦았는지를 물었다. 그 아이는 생기 없는 침울한 톤으로 "예"라고 대답했다. 나는 그 아이가 사춘기를 겪고 있다고 생각했지만 한 가지 의심이 머리를 스쳐갔다. 그래서 식탁을 손가락으로 쓸어보니 먼지가 묻어 나왔다. 나는 그 아이에게 아무 말도 없이 더러워진 내 손가락을 보여주었다. 증거가 있어서 그 아이는 나에게 어떤 항변도 할 수 없었다. 그 아이는 투덜 거리면서 행주를 낚아채서 식탁을 닦았다. 그런 뒤 저녁 내내 토라 져 있었다. 나는 그 아이가 나를 도와야 하는 것에 화가 난 것을 알게 되었다. 침울한 목소리 톤과 공격적인 투덜거림이 억눌린 화를 보여 주고 있었다. 그 뒤로부터 나는 그 아이를 신뢰하지 않았고 그 아이 가 마음에 들지 않아하지만 하겠다고 말한 것을 체계적으로 검증했 다. 다시 시작해야 할 필요가 있다면 나는 그 아이를 다시 신뢰할 것 이다. 왜냐하면 불신은 관계를 파괴하기 때문이다.

월터스의 규칙을 기억하는가?

감정만이 목소리에 영향을 주는 것은 아니다. 구강 혹은 치아의 문제, 난청, 파킨슨씨병, 방언, 어투, 문화, 마약 등은 모두 목소 리를 변화시킨다. 욕구나 피로도 잊어서는 안 된다.

음성 코드의 해석은 그 사람의 통상적인 행동을 고려해야만 한 다. 분노는 모든 사람의 목소리에 똑같이 영향을 주지 않을 것이 다. 예를 들어 조용하고 침착한 사람은 화가 나면 더욱 더 조용해 질 수 있다. 목소리를 높이지 않을 것이다. 단지 강하고 빠른 숨소리만이 화가 난 것을 나타낼 것이다.

목소리의 의미를 규정하는 데 있어서 맥락이 아주 중요하다. 몇몇 환경에서는 음성 특성의 의미가 감소하거나 아예 없어져버리기도 한다. 저녁 파티에서 강하게 말하는 사람과 도서관에서 강하게 말하는 사람은 다른 것이다. 한 사람은 시끄러운 맥락에서 보통의 행동을 한 것이고, 다른 사람은 다른 사람에 대한 예의나 배려가 없다는 것을 표출한 것이다. 더구나 대화가 진행된 환경도 고려해야 한다. 법정은 대부분의 사람들을 주눅 들게 한다. 병원, 형무소, 영안실 등의 몇몇 장소에서는 대다수 사람들이 불편함을 느낄 것이다. 그들의 목소리 톤은 성격이나 감정보다는 불편함을 더 많이 반영할 것이다. 사람들은 일반적으로 익숙하지 않은 장소에서는 어색해하며 그들의 목소리 톤이 그것을 반영한다.

한 사람의 진정한 감정을 규정하기 위해서는 그의 목소리와 그가 사용하는 단어, 그의 동작, 얼굴 표현들을 비교해야 한다. 이 모든 코드가 동기화되었는가 혹은 불협화음을 이루는가? 예를 들어 당신의 아이가 컴퓨터 게임을 30분 더 하는 것을 승낙하면 자기 방을 정돈하겠다고 당신에게 약속한다. 그 목소리는 부드러운 척하고 환한 웃음은 인공적이다. 그 말을 믿겠는가? 그가 원하는 것을 얻기 위해 유혹하고 있는 것이다. 게임을 계속하기 전에, 시계를 들고 10분 동안 방을 정돈하라고 제안하라. 정확하게 시간을 지킬 것이다!

음성의 항구성을 벗어나는 것은 사람들을 이해하기 위한 지표를 제공한다. 이런 이해는 도움이 필요한 사람에게 도움을 주기 위해 좀더 좋은 입장에 서게 한다. 예를 들어 의기소침해 있으면서도 잘 지낸다고 말하는 사람의 경우처럼. 우리가 단어만 듣는 것이 아니라 목소리를 진정으로 듣는다면 숨기는 말이나 거짓말 속에 담긴 진실을 식별해낼 수 있다.

거짓말쟁이의 음성 코드

글라스에 따르면, 습관적인 거짓말쟁이는 날카로운 목소리로 빨리 말한다. 그러나 일시적인 거짓말쟁이는 죄의식을 느끼기 때문에 작은 목소리로 거짓말하는 것을 선호한다. 거짓말할 준비가 안 된 거짓말쟁이는 단어를 고르느라 더 늦게 말한다. 몇몇 이성적인 거짓말쟁이는 침울한 목소리 톤을 사용한다. 그들은 조직적인 방법으로 말한다. 왜냐하면 그들은 말할 것에 대해 생각하기 때문이다. 그들은 실제에 근거한 무언가 일관성 있는 것을 만들어내야 한다. 그들은 시나리오를 짜야 하기 때문에, 감정 대신에 그것이 정신공간을 차지하게 된다. 또 다른 거짓말쟁이들은 더 신경질적이다. 그들은 들키는 것을 두려워하고 스트레스가 분명히 보인다. 그들의 목소리는 활기차고 생기가 넘쳐날 수 있다. 그들은 거짓말로부터 해방되고 상대를 얼빠지게 하려고 더 빠르게 말할 수 있다. 가장 능숙한 사람은 사실적이고 진정한 말의 흐름 안에 거짓말을 녹여낸다. 그들의 목소리 톤은 정직하지 않을 때 더 날카로워질 수 있다. 이러한 여러 가능성 앞에서 그 사람의 음성 코드만을 관찰하는 것으로 거짓말을 탐지할 수는 없다. 그렇지만 목소리는 무시해서는 안 되는 표지를 제공한다. 거짓말의 다른 징후와 결합시키면 목소리의 변화는 아주 의미심장한 것으로 밝혀질 수 있고, 말과의 불일치를 드러낼 수 있다. 자, 이제 귀를 활짝 열고 안테나를 길게 뽑자!

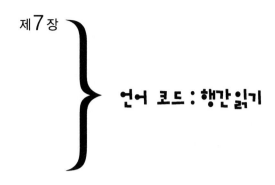

제7장

언어 코드 : 행간 읽기

말은 생각을 위장하기 위해 사람들에게 주어졌다.

탈레랑(TALLEYRAND)

우리가 상대의 말을 진정으로 듣고 오랫동안 말하도록 내버려 두면 그는 우리가 알아야 할 것을 모두 이야기한다. 전부 말이다. 우리가 아주 오래 말하면 우리는 항상 시사적인 정보들을 누출한다. 말의 유출을 통해 한 사람의 심리상태나 정직성을 규정할 수 있다. 거짓말쟁이가 자신의 이야기를 통제하려는 모든 노력으로 그는 거짓말을 표시하는 언어적 기호를 많이 생성하진 않지만, 이러한 기호가 나타나면 그것은 매우 중요하다. 잘 들어보고, 적절한 질문을 던지고 행간을 읽는 것은 터득할 수 있는 기술이다.

테스트 : 행간을 읽을 수 있는가?

당신이 확실하게 신뢰할 수 없는 사람과 행한 최근의 대화를 생각하라. 다음 질문에 대해 '예', '아니오', '모르겠음'으로 종이에 대답을 써라.

1. 그 사람의 불쾌한 말에 당신이 부정적인 반응을 보이면 "농담이야"라는 말을 덧붙이는가?
2. 그 사람이 종종 당신의 말을 중단시키는가?
3. 그 사람이 수다쟁이인가?
4. 그 사람이 다른 사람에 대해 험담하는 습관이 있는가?
5. 당신이 알고 싶은 것보다 더 많이 이야기하는가?
6. 그 사람이 간접적이거나 회피하는 태도를 보이는가, 말을 돌려서 하는가, 요점에 들어가기 전에 오랫동안 뜸 들이는가?
7. 그 사람에게 질문을 던지면 "나는 몰라"라고 대답하는 경향이 있는가?
8. 그 사람의 거짓말이나 과장된 말을 즉석에서 항상 잡아내는가?
9. 그 사람이 화제를 빗나가는 경향이 있는가?
10. 그 사람이 말을 더듬는가?
11. 그 사람이 말을 중얼거리는가?
12. 그 사람의 문장이 끊어지고 생각을 따라가기 힘든가?
13. 그 사람이 말하기 전에 망설이고, 세심하게 단어를 고르는가?
14. 그 사람이 단어나 대답에 인색한가? 단어를 뽑아내는 것이 힘든가?
15. 신경질적으로 웃는가?

'예', '아니오' 대답이 많을수록 당신은 다른 사람이 당신에게 말할 때 '문맥 아래'를 의식하고 있다. '모르겠음'으로 대답할수록 당신은 행간을 읽지 못하는 것이다.

이번 장을 읽고 나면 진실성 부족이나 거짓말과 연관될 수 있는 언어적 행동의 여러 유형을 정확하게 파악해낼 수 있을 것이다. 주변사람들과 대화할 때 행간을 읽는 방법도 알게 될 것이다.

거짓말과 관련된 언어적 장애

동시에 두 가지 생각을 하는 것은 심리적으로 불가능하기 때문에, 거짓말쟁이가 무엇을 생각해야 하는지를 자문해보라. 첫째로 그는 진실인 사실을 기억해야 한다. 둘째로 말하려 하는 거짓말에 대해 생각해야 한다. 셋째로 이전 거짓말을 떠올려야 한다. 새 거짓말이 이전 것과 일관성이 있도록 확인도 해야 한다. 그리고 기억하기 쉬운 거짓말을 만들어내야 하며, 덧붙여 자신의 스트레스를 감춰야 하고 본심을 드러낼 수도 있는 언어적, 비언어적 기호들을 통제해야 한다. 마지막으로 거짓말쟁이는 거짓말 도중에 탄로 나서 생기는 부정적 결과를 피하기 위해 경계 상태를 유지해야 한다. 이러한 상황에서 생각의 명확성이 손상되는 것은 놀랄 만한 일이 아니다!

언어적 장애는 거짓말을 나타낼 수 있는 정신적 혼동, 명확성 손상의 표지가 된다. 거짓말쟁이들은 진실을 말하는 사람들보다 더 많이 말을 더듬거리고, 망설이고, 중얼거린다. 발음을 실수하고, 단어를 빼먹고, 반복하고, 신경질적으로 웃는 일도 더 많다. 물론 모든 언어적 장애가 거짓말이란 것은 아니고, 여러 다른 가능한 흔적 중의 하나로 고려해야 한다.

어물어물 말하기[46]

일반적으로 정보를 미리 검토해보지 않았거나, 말하게 될 것을 결정하기 전에 말을 시작하면 우리는 말을 어물거린다. 어물거리는 것은 체면을 잃는 것을 피하고자 하는 일종의 차단용 검열 기제이다. 거짓말쟁이는 진실이 자신의 입에서 튀어나오려 할 때와 진실을 마지막 순간에 제어하고 있을 때 말을 어물거릴 것이다.

말 더듬기[47]

말을 더듬는 것은 너무 빨리 말하려 하는 경우에 생긴다. 그것은 여러 생각이 떠오르고 그것을 한꺼번에 표현하려고 하기 때문이다. 거짓말쟁이의 경우 두 개의 거짓말 중 하나를 선택할 시간을 갖기 이전에 서두르는 경우일 수 있다. 이것은 그 사람이 '사이에 낀' 것처럼 느낄 때 생긴다. 왜냐하면, 예를 들어 해야 할 일을 하지 않은 이유를 설명하기 위한 변명을 그 사람이 준비할 시간이 없었기 때문이다.

일시적 중단, 망설임

말하는 기계가 아닌 이상, 대화의 과정에서 일시적으로 중단을 하는 것은 정상적이다. 일시적 중단을 통해 말하는 사람은 숨을 쉬고, 상대방은 자신에게 말한 것을 더 잘 받아들인다. 그렇지만 너무 오랫동안의 중단, 잦은 망설임은 대답이 준비되지 않았다는 것을 나타낸다. 만약 그 사람이 거짓말하면 그것은 즉석에서 꾸며댄 것이다. 만약 우리가 질문에 대해 전혀 생각해보지 않았다면, 말하면서 생각해야 하기 때문에 망설이는 것은 정상적이다.

월터스가 관찰한 것에 따르면, 거짓말쟁이들이 거짓말로 내답할 때의 시간은 거짓말하지 않는 사람들의 평균 시간보다 더 길다. 물론 이것도 그 사람의 습관적 행동에 달려 있다. 자주 망설이는 사람, 웅변 능력하고는 거리가 먼 사람의 경우 그러한 관찰은 적용될 수 없다. 만약 어떤 사람이 당신의 질문에 대답하기 전에 일시적으로 중단하면, 그 사람이 당신에게 거짓말을 하려고 하거나 혹은 대답을 회피하려는 것이라는 가정을 할 수 있다. 이 경우, 그 사람은 애매한 방식으로 대답할 것이다. "술을 마시면, 질문에 대답하기 위해 각자가 사용하는 시간이 줄어든다는 것이 듀크(Duke) 연구진의 최근 연구에서 증명되었다."[48]

자신의 대화에 '음!', '아!' 같은 소리를 여기저기에 집어넣는 사람들은 자신의 생각에 질서를 잡으려는 노력을 하는 것이고, 때로는 대답하기 전에 시간을 벌기 위한 것일 수도 있다. 이러한 일상적인 소리들은 거짓말의 미약한 표지이다. 이것을 신뢰해서는 안 된다.

이아고, 자칭 '정직한 사람'

일시 중단, 침묵은 잘못된 해석을 유발할 수 있다. 셰익스피어의 연극에서 이아고는 오텔로를 이런 길로 인도한다. 오텔로는 베니스 군을 지휘하는 무어인[49]이다. 그의 참모인 이아고는 정직한 사람으로 통하지만, 모든 사람들을 농간하고, 자신의 목적을 달성하기 위해 거짓말한다. 그는 아주 총명해서 신뢰감의 이점을 잘 알고 있으며, 그것을 자신의 목적에 도달하기 위한 도구로 만들기 위해 조작을 시도한다. 이아고는 자신이 탐내던 자리인 부관에 임명된 카시오를 질투한다. 그는 오텔로의 아내 데스데모네와 카시오의 불륜을 믿게 만들면서 오델로의 마음에 의혹을 심어준다. 그는 카시오을 직접 비난하지 않고, 데스데모네에게 애인이 있다고 절대로 공개적으로 말하지 않는다. 그는 침묵과 가장된 묵언의 전략을 사용하여 오델로 스스로가 빈자리를 채우도록 한다. 같은 방식으로 카시오에게 술을 마시고 싸우게 한 뒤 이아고는 침묵하고, 무어인으로 하여금 이아고가 자신의 '친구'를 보호하려 한다는 생각을 하게 하고, 진실이 밝혀지는 것이 너무 끔찍하다고 생각하게 만든다. 데스데모네가 오델로의 처벌에 항의할 때에도 그녀 자신의 진실성으로 오델로를 설득하기에 이르지 못한다. 오델로에게는 이아고의 묵언, 그의 망설이는 말투가 자기 부인의 항의보다 더 신뢰감이 가는 정직성의 기호이다. 이아고는 거짓말을 할 뿐만 아니라, 침묵과 망설임을 통해 다른 사람을 실수로 이끈다.

단어 생략

마치 금지된 단어를 말하고 싶지 않은 것처럼 여기저기에서 단어를 건너뛰는 사람의 말을 들어본 적이 있을 것이다. 예를 들어 "아니, 나는 … 그 사람이 출발한 뒤에…" 단어를 건너뛰거나 문장을 끝내지 않는 사람들은 수치를 느끼는 창피한 단어를 감히 발음하지 못하는 것일 수 있다. 그 사람은 진실을 말하지만 '모든 진실'을 말하지는 않을 것이다. 비난받을 수 있는 단어들을 교묘히 피해 가는 것이다. 이러한 태도는 일반적으로 무의식적인 것이며 쉽게 찾아낼 수 있다.

문장 검열은 생략과 유사하지만 단어를 건너뛰는 것 대신에 단어를 반쯤 말하다 멈추고 더 적합한 단어로 계속하는 것이다. 예를 들어 "내가 크게 떠들… 외쳤어." 혹은 "내가 그에게 거기에 가라고 명… 부탁했어." 이 사람은 문장을 말하는 중간에 자신이 선택한 단어가 이롭지 않다고 여기고, 좀더 부드럽고 완화된, '정치적으로 올바른' 용어를 사용하는 것이다.

단어 반복

스트레스, 불안, 근심은 순간적으로 우리의 명확한 사고 능력을 약화시킬 수 있다. 다른 것은 생각할 수 없을 정도로 근심스러운 문제를 갖고 있는가? 이 경우 당신은 생각이 고착된다. 그리고 아는 사람이 곁에 있다면 당신의 정신을 온통 차지하고 있는 화제에 대해서만 말하게 될 가능성이 높다. 사람의 생각이 이렇게 고착되면 그 사람은 계속 반복하는 경향을 보인다.

물론 단어의 반복 자체가 거짓말을 나타내는 것은 아니다. 그렇지만 그것은 거짓말의 가능한 다른 징후로 당신의 주의를 이끌어 가게 해준다. 예를 들어 담배 냄새를 풍기는 어린 아들에게 담배를 피웠는지를 묻고 그가 대답한다. "저는 담배를 피우지 않았어요. … 아니오 … 담배를 안 피웠어." 당신은 그가 담배가 아니라 시가나 다른 것을 피웠다고 생각할 수 있다. 사실 그는 담배를 물기만 했지 들이마시지는 않았고 그래서 피우지 않았다고 생각할 수도 있다. 이 예는 내가 만든 것이 아니다!

나쁜 발음

어떤 생각을 포착하려고 애쓰고 있는 사람이 말을 할 때 나쁜 발음이 나타난다. 그 사람은 현재 상황을 평가하고, 이전에 말한 것과 지금부터 진행할 수 있는 방법에 대해 동시에 생각하려 할 수 있다. 이 모든 것을 동시에! 간단히 말해 발음을 불명확하게 하는 사람은 거짓말의 길로 접어들었을 확률이 매우 높다.

월터스에 따르면 어떤 사람이 직접적인 질문에 단어를 나쁘게 발음하면서 대답한다면, 그것은 거짓말의 강력한 표지이다. 따라서 그것에 크게 주의를 기울이고 사고를 막아야 한다. 물론 우리가 피곤하거나 몇몇 약품의 영향으로 발음을 명확하게 하는 것에 어려움을 느낄 수도 있다. 다른 언어적, 비언어적 징후와는 달리, 나쁜 발음은 거짓말의 절대적 표지는 아니다.

신경질적인 웃음

신경질적인 웃음은 대화 과정에서 느껴진 불안감을 감추게 한다. 그것은 대화 상대가 자칫하면 위험해질 수 있는 상황을 만들어 우리를 불안하게 할 때 느끼는 우리의 스트레스를 일소하는 방법이다. 서로 끌리는 사람들이 처음 만났을 때 신경질적인 웃음이 빈번하다. 또한 말하기 전에 '음…'이라고 하지 않고도 시간을 벌게 해준다. 만약 상대가 신경질적으로 웃는다면 당신이 민감한 혹은 위급한 화제를 건드린 것을 의미한다. 그 사람은 교묘히 빠져나가려는 것이다. 이 경우 신경질적인 웃음은 탈출을 표시할 수 있으며, 경우에 따라서는 거짓말을 표시할 수도 있다. 계속 반복해서 강조하지만, 다른 코드도 역시 거짓말 쪽을 가리키고 있는지를 검증해야 한다. 하나의 유일한 요소에 관심을 가져서는 안 되며 커뮤니케이션의 모든 코드들을 포괄하기 위해 우리의 눈과 귀를 열어야 한다.

적절한 질문을 던질 줄 알아야 한다

결정을 내리기 위해 질문을 던져야 하고, 대답을 신뢰해야 하는 상황이라면 만남을 미리 준비하는 것이 중요하다. 이런 예를 들어보자. 보모를 고용하고 싶은데 지망한 사람의 교육적 능력을 알 필요가 있다. 결혼을 하려고 하는데 당신의 사랑이 당신과 같은 욕구를 갖고 있는지 알고 싶다. 당신의 직원이 금고의 돈을 훔쳤다고 의심하는데, 정말 그런지를 확인해야 한다. 우리는 설명을 요구하기가 두려워서 다른 사람들의 의향을 지레짐작하는 경향이 있다. 이것은 많은 문제를 야기하며, 많은 실망을 낳는다.

너무 자주 우리는 다른 사람이 말하는 것을 진정으로 듣기보다는 우리가 듣기를 간절히 원하는 것만을 듣는다. 돈 미구엘 뤼츠가 지적했듯이 "추측하는 것을 막는 가장 좋은 방법은 질문을 던지는 것이다."[50]

준비하라!

질문할 것이 있고 대답이 당신에게 결정적이라면, 상황을 무턱대고 선택해서는 안 된다. 만남의 순간과 장소가 중요하다. 그때가 당신과 상대에게 좋은 순간인지 자문해보라. 만약 당신이 근심을 하고 있다면 혹은 상대가 장관보다 더 바쁜 사람이라면 어떻게 정신을 집중할 것인가? 상대의 정신 상태가 어떤지도 문제이다. 격한 감정은 그가 당신에게 하는 대답을 변질시킬 수 있다. 만약 화가 나 있거나 혹은 술에 취한 사람에게 질문을 하고 싶다면 적어도 그의 상태가 말을 해칠 수 있다는 사실을 고려해야 한다. 사람이 취하면 마음에 간직한 것을 솔직하게 말한다고 생각하는 사람이 많다. 그것은 때로는 맞지만 항상 그런 것은 아니다. 취한 사람들은 종종 나중에 가서 후회하는데 그들의 말이 생각보다 앞서갔기 때문이다.

장소 선택과 관련해서, 그에게 당신이 갈 것인가, 당신에게 그를 부를 것인가, 혹은 중립 지역을 선택할 것인가? 각각의 선택에 따라 이점, 불편함, 결과가 달라진다. 사장이 직원에게 좋은 소식을 전하기 위해서는 직원의 사무실로 가지만, 직원을 야단치기 위해서는 자신의 사무실로 오게 하는 것을 주목하였는가?

우리는 항상 우리 집이나 우리 사무실 등 우리 영역에서 더 편안하다. 당신의 상대는 자신의 영역에서는 방어체제를 덜 갖출 것이다. 반대로 당신의 영역에서는 당신이 상황을 더 잘 통제할 수 있다. 어떤 것이 가장 중요한가? 대부분의 경우 상대가 편안함을 느끼고 방어적이 아니길 선호하지 않는가? 그렇다면 그에게 장소를 선택하게 하라. 그의 집, 사무실 혹은 공공장소 등. 중립 지역은 편안함의 측면에서 대화자들을 동등한 조건에 있게 한다. 반면에 선호하는 장소는 우리 영역의 확장 지역과 같다. 상대는 틀림없이 단골로 가는 카페나 식당이 있을 것이다. 공공장소에서 만나기로 했다면 그 장소가 너무 소란스럽지 않은지를 확인하라. 당신이 사람들을 아는 장소라면 대화가 끊길 위험이 있다. 너무 춥지만 않다면 공원에서 만나는 것도 좋지 않을까?

어떠한 방심도 대화를 중단시킬 수 있다. 의미심장하고 깊은 대화가 중단되는 것은 치명적이라는 것을 명심하라. 방해받지 않도록 준비하라. 그것은 최소한의 일이다. 전화 소리, 휴대폰 소리 때문에 대화가 한창 진행되다 중단된 적이 얼마나 많은가? 불행하게도, 다시 돌아온다 해도 정확히 있던 상태에서 대화를 다시 시작하는 경우는 없다. 집에 있다면 라디오나 텔레비전은 꺼라. 방심과 중단은 토론의 기차를 탈선하게 해서, 다시 객실로 올라타기 힘들거나 불가능해질 수 있다. 내가 속내 이야기를 하고 있는데 전화를 받으러 가는 친구만큼 나를 얼어붙게 만드는 것은 없다. 만약 대화가 중요하다면 다른 것은 차단하라! 만약 중요한 전화를 기다리고 있다면, 그때는 중요한 대화를 할 때가 아니다. 우선적으로 행동하라. 그러나 제발 부탁인데 상대에게 집중하고 다른 것은 잊어라.

이 모든 경우에 만약 솔직한 대답을 기대한다면 신뢰의 분위기가 조성되어 있어야 한다. 그렇지 않다면 그 사람은 당신이 듣고 싶어한다고 믿는 말을 당신에게 하면서 더 이상 당신이 자신을 방해하지 않게 하려 들 위험도 있고 혹은 거칠게 대한다고 상대가 느끼면 자신의 조개껍데기 속으로 피신해버릴 위험도 있다. 때때로 미리 생각했더라면 쉽게 대비할 수 있었을 사소한 것 때문에 흐름이 이어지지 않을 수도 있다.

그리고 몇 가지 질문을 잊지 말고 미리 준비하라. 그러면 상대에게 집중할 수 있을 것이다. 질문을 생각할 필요가 없지 않은가. 좋은 방법 하나는 가장 적절한 질문들을 머릿속에 입력하기 위해 종이에 써놓는 것이다. 대화 상대 앞에서 그것을 꺼내보는 것은 별로 바람직하지 않지만, 공식적인 인터뷰에서는 그렇게 할 수 있다.

질문을 던지는 요령

생각나는 대로 대화가 진행되기 위해서는 운동 시작 전에 하듯이 워밍업을 해야 한다. 바로 이런 이유로 일반적인 것에서 개별적인 것으로, 하찮은 것에서 의미심장한 것으로, 평범한 것에서 개인적인 것으로 진행할 것을 권장한다. 화제의 핵심으로 곧장 들어가는 것은 무례하거나 급작스러운 것으로 여겨질 수 있으며, 그것은 이전 마지막 대화가 친밀하고 깊이 있는 것이었다 해도 마찬가지다. 대화의 서막을 가볍게 여기지 마라. 마치 사랑스런 전주곡이 격렬한 유희를 준비하듯이 그것은 풍요로운 대화를 예고한다.

본론으로 들어가서 열린 질문들은 전채(前菜) 요리가 된다. 그 질문들은 상대가 자신이 바라는 방향으로 가게 만들고, 자신의 대답들을 진행하도록 유도한다. 비록 당신이 바라는 대답이 필수적으로 있지 않더라도, 당신이 그렇게 수집하는 모든 정보를 머릿속에 기록하라. 예를 들어 아이들 보모를 면접 본다면 하고 싶은 일이 무엇인지, 2년 뒤에는 어느 곳에 있겠는지(만약 그녀가 비서직을 구한다면 당신은 그녀를 장기적으로 고용할 수 없다는 것을 알 것이다), 무슨 이유로 아이들 돌보는 일을 선택했는지, 아이들과의 하루를 어떻게 구상할 것인지 등등.

열린 질문을 몇 개 한 뒤에 좀더 직설적인 닫힌 질문으로 넘어갈 수 있다. 이제는 보모 후보자에게 아이를 돌본 경험이 얼마나 있는지, 원하는 급료는 얼마인지, 식사는 무엇을 준비해 주는지 등을 질문할 수 있다. 만약 당신이 채식주의자라면 그것을 당장에 말하거나 혹은 더 좋은 방법은 그녀가 채식주의 아이들에 대해 생각하는 바를 알게 될 때까지 기다린다.

닫힌 질문은 상대 대답의 방향을 더 많이 유도한다. 이 질문을 통해 당신은 시간과 에너지를 절약할 수 있다. 또한 들은 대답을 좀더 쉽게 신뢰할 수 있는데, 그것이 더 명확할 것이기 때문이다. 만약 당신이 관심 있는 사람과 외출을 하고 싶다면 주말에 무엇을 할 것인지를 묻는 것(열린 질문)보다는 영화관에 같이 갈 수 있는지('예', '아니오'로 대답하는 닫힌 질문)를 묻는 것이 더 좋다.

어떤 경우에는 닫힌 질문이 더 따지는 듯이 보일 수 있다. 바로 이런 이유로 열린 질문으로 시작하는 것이다. 만약 늦게 돌아온 남편에게 대뜸 "어디에 있었어?"라고 묻는다면 그는 투덜거릴 수도 있다. 특히 당신의 목소리 톤이 퉁명스럽다면…. 닫힌 질문은 (대답을) 회피하는 사람들에겐 필수적이다. 극단적인 경우에는 아마도 대질 질문을 하기에 이를 수도 있다. 한 예로 "계산대 위에 있던 돈을 훔쳤어? 했어 안 했어?" 상대를 심하게 공격하는 것은 다른 방도가 실패한 뒤라야만 시도해야 한다. 이렇게 당신이 막다른 골목으로 모는 사람과 당신 사이의 신뢰는 손상되기 마련이다. 이렇게 진행되기 전에, 그것이 관계에 초래할 손상과 타협할 수 있을지를 자문해보라. 당신이 그런 질문을 던지는 사람은 아마도 당신에 대한 유감을 가질 것이다. 덫에 걸린 동물처럼 자신을 보호하기 위해 공격으로 돌아설 수도 있다.

거짓말쟁이의 가면을 벗기고 자백을 강요할 때에는 매우 조심해야 한다. 당신이 추진하는 것이 확실한 것이어야 한다. 다른 사람을 부당하게 비난한다면 회복 불가능한 타격을 입을 수 있다. 나중에 후회하기보다 먼저 그것을 생각하라. 다음의 경우는 질문을 잘 하는 것이 중요하다는 것을 보여준다.

아이를 갖고 싶은 남자

르노는 10년 동안 결혼생활을 해온 42살 된 남자이다. 그의 전 부인은 경력이 점점 늘어나면서 출산에 관한 생각이 변하게 되었다. 일의 특성상 출장이 잦았기 때문에 출산하기 힘들다고 판단한 것이다. 르노는 농촌에서 자랐다. 그는 항상 아이를 갖고 싶었고, 자연과 더불어 사는 것을 원했다. 그래서 1998년 부인과 헤어졌다. 서로 의견이 맞지 않았기 때문이었다. 2002년 여름 동안 그는 인터넷 만남 사이트에 쪽지를 게시했다. 그가 접근한 대부분의 여자들은 그가 너무 늙었다고 생각했다. 그가 관심을 가졌던 여자들은 30대 초반이었다. 민남의 자리에서 그는 "아이를 갖길 원해요?"와 같은 닫힌 질문을 던지곤 했다. 처음 만나는 자리에서 이런 질문은 당연히 위압적인 것이었고 방어적인 반응을 유발하곤 했다. 그는 곧 그가 만났던 여자들이 이런 관점에서 어떤 상황에 있는지를 생각해야 한다는 것을 깨달았다. 결국 그는 "5년 뒤에는 어느 곳에 있을 것 같아요?"와 같은 열린 질문이 더 좋다는 것을 깨닫게 되었다. 왜냐하면 그런 질문들은 대답을 강요하지 않으면서도 대화를 진행할 수 있는 자유로운 공간을 마련해주기 때문이었다. 만약 여자가 결혼해서 아이 둘과 함께 개를 데리고 시골에 있을 것이라고 말하면, 그는 즉시 그 여자와는 함께 할 수 있겠다고 생각하게 되는 것이다. 여자에게 "제게는 아이들이 아주 중요한데, 당신은 어떠세요?"라고 말하면서 그는 잘해야 불완전한 대답, 최악의 경우 부정직한 대답에 자신을 내맡기는 것이다. 여자는 긍정적인 대답을 하면서 함구에 의한 거짓말을 할 수 있다. 어떤 여자는 아이는 원하지만 10년 내에는 아니라고 할 수도 있다. 다른 여자는 날씬한 허리를 유지하려고 입양을 원할 수도 있다. 또 다른 여자는 아이를 갖고 싶기는 하지만 도시에 살면서 아이들을 돌볼 보모를 고용하고 싶어할 수도 있다. 그가 열린 질문을 던졌다면 상대는 각자가 원하는 것을 말할 수 있는 자유로운 공간을 갖게 되었을 것이다. 또한 그는 그가 대답에 영향을 미쳐서 또 다른 실망을 경험하는 것 대신에 그 대답이 자신의 기대와 요구와 맞아 떨어지는지를 알 수 있었을 것이다.

대답을 진정으로 듣는 법을 배워라

당신이 아무리 잘 준비하고 훌륭한 질문을 던져도 대답을 듣지 않는다면 아무 소용이 없다. 장애인이 아닌 한 우리는 모두 청각을 갖고 있지만, 듣는 요령을 터득한 사람은 드물다. 솔직히 말해 다른 사람을 듣는 것은 어렵다. 그러나 불가능한 것은 아니다. 우리는 주변사람들보다 외국인을 만나면 더 주의 깊게 듣는다. 우리가 누군가를 안다고 믿기 시작하면 그에게 의미 있는 질문을 던지지 않게 되고, 그의 말을 열린 정신으로 듣지도 않는다. 특히 가족과 부부의 경우가 그렇다. 그런데 진정으로 듣기를 멈추면 커뮤니케이션의 통로는 급격히 차단된다. 듣기와 이해 대신에 비난, 판단, 싸움이 생기는 것은 아주 흔한 일이다. 당신이 고정관념에 붙들려 있는 한 다른 사람을 진정으로 들을 수 없을 것이다. 그의 말소리는 듣겠지만 그를 듣는 것은 아니다. 다음에 할 반박을 생각하고 있는 한 상대를 들을 수 없을 것이다.

우리가 그의 말을 차단할 때는 그를 듣지 않는 것이다. 조 엘런 디미트리우스에 따르면 당신이 상대를 차단시키자마자 상대는 자신의 의견의 흐름을 벗어나게 된다. 그가 다시 길로 접어들 시간과 대화의 리듬과 자발성은 그것을 끝으로 사라지게 된다.

대화의 습관에 대한 갤럽의 여론조사에 따르면 차단이 가장 난처한 습관이라고 생각한 응답자가 88%에 이른다. 말이 차단되는 것은 상대가 당신을 듣는 데 흥미가 없고 말에 끼어들 준비에 몰두하고 있다는 것을 보여주는 분명한 기호가 된다. 또한 당신의 비언어적 표현도 의식해야 한다. 말을 끊으려는 유혹을 억누르고 있더라도 당신의 몸이 초조함을 드러낼 수 있다. 몸짓, 얼굴 표현, 시선 피하기 등으로 당신이 더 이상 듣지 않는 것을 분명히 나타낸다. 상대는 더 이상 말을 하지 않을 수 있다. 듣고 있지 않은데 말하면 무엇하나? 아무것도 모른 채 그 기회를 이용해 당신이 말하게 될 것이다. 그러나 상대는 당신을 더 이상 듣지 않을 것이다. 우리는 우리의 고독감을 키우는 이러한 귀머거리 대화를 너무 자주 체험한다.

너무 과하게 나서지 마라. 당신은 토론이 잘 진행되는 것을 깨트릴 수도 있을 것이다. 과도하게 참여하고 강조하는 것은 상대를 불편하게 할 것이다. 대화에 참여하라. 적절한 방식으로….

상대를 강하고 뚫어지게 쳐다보는 것은 방해를 하는 것이다. 어떤 사람들은 모든 상황에서 우리를 대단히 동정 어린 기색으로 쳐다본다. 우리가 어릴 때 맞고 자랐다고 말할 때, 손톱이 깨졌다고 말할 때, 혹은 새 요리법을 놓쳤다고 말할 때! 부적절한 동정 혹은 너무 드러나게 강한 동정은 거짓된 것처럼 보이고, 불쾌감을 불러일으킨다.

만약 당신에게 속마음을 털어놓게 하고 싶지 않으면, 거만하게 대하고, 상대를 판단하고, 논쟁을 시작하라. 그 사람이 조개처럼 입을 다무는 모습을 보게 될 것이다. 아이가 시험에 망쳤다고 불평할 때, 엄마가 잔소리를 늘어놓고 "공부하라고 했지!"를 반복하는 것은 아무 소용이 없다. "너무 힘들게 생각하지 마라, 실패는 누구나 겪는 거야" 혹은 간단히 "실망했구나, 그렇지?"와 같은 안심시키는 말이면 충분하다. 부모로서 훈계를 하고 싶다면, 아이가 자신의 실망이나 낙담을 해소한 뒤에 얼마든지 시간이 있을 것이다.

다른 사람이 당신에게 말하게 하려면, 그를 나무라고, 교정하고, 평가하고, 훈계하고, 깎아내리고, 그의 불행을 즐기고 하는 유혹을 모두 물리쳐야 한다. 우월감을 느끼기 위해 치러야 하는 대가는 커뮤니케이션의 파괴다. 우리가 그런 식으로 행동할 때, 다른 사람들이 우리에게 불평하거나 다시 마음을 닫아버리는 것은 놀라운 일이 아니다. 더구나 우리는 그렇게 행동하면서 상대의 반응을 오염시키고, 커뮤니케이션 코드의 해독을 왜곡시킨다.

우리 주변사람들이 마음을 열고 자유롭게 말하게 하려면, 당신도 마음을 열어야 할 것이다. 당신이 아무 대가도 주지 않는데 다른 사람들에 관한 정보를 수집할 수 있다고 믿지 마라. 용의자를 심문하는 경찰이라면 모르지만! 다른 사람들이 신뢰를 갖고 그들에 대해 말하게 하려면 먼저 당신에 대해 말하라. 당신과 다른 사람 사이에 장애물을 설치하지 마라. 일자리 후보자들을 면접할 때 책상 뒤로 숨을 필요는 없다. 그들은 신뢰감을 느끼지 못할 것이고, 그 장애물이 없어지지 않는 한 마음을 열지 않을 것이다.

상대의 대답을 신뢰할 수 있기 위해서는 당신의 신체 언어로 그를 조종하려 하지 마라. 상대를 말하도록 부추기기 위해서 머리 동작이나 웃음으로 동의를 표현하는 것은 쉽다. 같은 방식으로 당신의 몸으로 상대의 대답이 가치 없다고 보여줄 수 있다. 대부분의 사람들은 상대의 마음에 들고 싶은 욕구가 강하기 때문에, 당신의 상대는 당신의 비언어적 표현에 자신을 맞추려 할 것이다. 비록 그것이 정확하게 자신의 생각이 아니라고 해도 당신의 마음에 드는 말을 할 것이다. 진실을 알고 싶다면 당신의 몸을 동제해서 듣고 있는 동안 그가 '좋은 대답' 혹은 '나쁜 대답'을 선택하지 않게 해야 한다.

거짓말쟁이의 경고 표지

거짓말쟁이들은 평범하지만 시사적인 표지를 통해 종종 자신을 드러낸다. 이러한 경우로는 우리가 묻지도 않은 개인적인 정보를 제공하는 것, 너무 자세하고 장황한 대답, 혹은 반대로 너무 짧은 대답, 대답 대신 질문하는 것, 그들의 진정한 기분을 드러내는 유머, 불신을 잠재우고 엉터리 말을 삼키려는 데 사용되는 정직성 주장 등이 있다.

'공짜' 정보

누군가 당신에게 이유 없이 정보를 제공한다면 그가 왜 그랬는지를 항상 자문하라. 종종 그것은 드러내고 싶지 않은 다른 것을 감추려는 데 사용된다. 믿음이나 습관과 관련된 자발적으로 주어지는 개인적인 정보들은 종종 부정확하거나 과장된 것이다. 이러한 자동누설 문장들은 당신의 주의를 끄는 네온사인 간판이다. 한 사람이 당신에게 갑자기 자신이 운동을 좋아한다거나, 재주가 많다거나 혹은 신앙심이 있다거나 하면 그 사람이 당신에게 주는 정보를 그대로 받아들이는 것 대신에 이러한 고백이 진정으로 나타내는 것이 무엇인지를 자문하라. 자신이 이러저러하다고 당신에게 믿게 하는 것이 그 사람에겐 어떤 점에서 좋을까?

상대를 낚으러 다니는 남자의 경우

내가 우리 동네 신문판매대 앞에 있을 때였다. 한 남자가 신문 값을 치르려 하고 있었는데 그 신문의 1면에는 언론의 관심을 많이 끄는 러시아 여자 테니스 선수인 안나 쿠르니코바의 사진이 실려 있었다. 우승을 거둔 적은 한 번도 없지만 우승한 선수들 못지않게 관심을 끄는 이 여자 선수에게서 남자들이 찾아낼 수 있는 것이 과연 무엇인지를 알고 싶은 마음에, 신문을 사는 사람과 판매원에게 물어보았다. 이 두 사람은 그녀에게 끌리는 것은 아니라고 단호하게 주장했다. 손님은 자신을 독신자 파티 주최자로 소개하면서, 쿠르니코바의 차가운 미모보다 나의 독창적인 모습(나는 산호 장식 모자를 쓰고 있었다!)이 더 자신의 관심을 끈다고 말했다. 우리는 가게 밖에서 약 10여 분 동안 이야기했는데, 그는 자신이 17살 때부터 자원봉사를 했다고 세 번이나 반복해서 말했다. 나는 그것이 사실이란 것을 의심하지는 않았지만 내가 묻지도 않았는데 그가 그렇게 강조하는 이유를 자문했다. 몇 가지 질문을 던진 뒤에 나는 그가 경비원이라는 사실을 알게 되었는데 이것은 그가 숨겼던 것이다. 나는 그가 자신의 일로써가 아니라 자원봉사로써 자신을 높이려 했다는 것을 이해하게 되었다. 여자들의 마음을 사로잡고 사회적으로 별로 빛나지 않는 자신의 직업적 지위를 감추기 위해 그는 자신의 마음이 착한 것을 강조했던 것이다. 그것은 그의 직업을 말했을 때 생길 수 있는 부정적 반응에 대항하는 그의 방법이었다.

유머

　우리는 종종 우리의 진정한 기분을 가장하기 위해 유머를 사용한다. 사람들이 당신의 체중이나 혹은 나쁜 습관에 대해 지적을 한 뒤에 당신의 감정이 상하면 곧바로 "농담이란 말이야!" 혹은 "웃자고 하는 말이야…"라고 덧붙이는 경우가 있었을 것이다. 이런 식으로 약 올릴 때 당신은 쓴 웃음을 짓는가? 이런 종류의 의심스런 농담 안에는 항상 진실한 부분이 들어 있다. 이런 유형의 유머는 쓰라린 지적을 삼키도록 하는 데 사용된다. 다른 사람들을 직접적으로 비난해서 혼란에 빠트리기보다 많은 사람들은 그들의 메시지를 유머로 포장해서 당의정으로 만드는 습관이 있다.

　진정한 유머는 모두를 웃게 만든다. 유머를 듣고 나서 당신이 판정받고, 헐뜯어지고, 깎아내려진 것처럼 느낀다면 참 난처한 일이다. "그냥 웃기려는 거야"라고 말하면서 당신을 안심시키려 할 때, 그 사람은 자신이 한 말을 모두 믿고 있다는 것을 알아야 한다. 가볍게 포장함으로써 그는 자신의 헐뜯는 말의 결과 즉 당신의 방어적 반응을 교묘히 빠져나가게 하는 것이다. 이런 가짜 유머의 가장 나쁜 점은 유머감각도 없는 사람으로 통하지 않기 위해서는 웃는 척을 해야 한다는 것이다. 당신이 이런 경험을 정기적으로 한다면, 당신은 유독한 분위기 안에 있는 것으로, 그 안에서는 진정한 메시지를 가짜 유머로 가장된 신랄하고 날카로운 말로 전달한다. 여러 가지를 고려해보라!

　비꼼과 빈정거림은 유머가 아니다. 다른 사람들을 헐뜯는 우회적이고 부정직한 방법인 것이다. 비꼬는 말에 숨겨진 의미는 "주의해, 내가 물어뜯는다!"이다. 진정한 짓궂음은 즐겁고 웃음을 자아낸다. 흔히들 좋아하는 사람에게 짓궂게 대한다. 그것은 사실이다. 만약 어떤 사람이 짓궂은 응답을 당신에게 했다면 그 사람이 당신을 좋아하는지를 자문해보라. 그의 짓궂음을 제외하고 그의 애정을 나타내주는 어떤 다른 기호가 있는가? 아무것도 찾을 수 없다면 그 사람은 분명히 그가 주장하는 것만큼 당신을 좋아하는 것이 아니다.

장황한 대답

거짓말쟁이들은 진실을 은폐하거나 왜곡하기 위해 때때로 장황한 대답을 사용한다. 상세하고 긴 변명은 방어적인 반응이다. 지각한 사람들은 종종 이것을 사용한다. 늦은 이유를 과장하고, 지나친 열정으로 불필요한 세부 사항을 설명하는 것이다. 수다스러운 대답이 상황에 적합한지를 자문하라.

거짓말쟁이들은 어떤 화제를 피하고 싶을 때 의도적으로 말을 돌리는 경향이 있다. 이런 경우가 맞는지를 확인하는 한 가지 요령은 민감한 화제에서 멀어졌다가 상대가 긴장을 풀었을 때 다시 돌아오는 것이다. 그가 또 다시 그 화제를 피한다면 당신은 그것이 의도적이라는 것을 알게 된다.

간결한 대답

아주 짧은 대답은 어떤 경우에는 경고의 표지가 될 수 있다. 당신이 질문을 던지지 않고 상대를 내버려 두도록 상대는 당신이 듣고자 하는 것을 말할 가능성이 있다! 상대는 그것에 대해 가능한 한 짧게 말할 것이다. 왜냐하면 체험하지 않아서 상세한 면을 모르기 때문이다. 간단히 말해 거짓말하는 것이다. 예를 들어 사장이 직원에게 보고서를 끝냈는지를 묻는다. 직원은 "예"라고 대답한 뒤 서둘러 다음 회의가 언제인지를 묻는다. 직원은 교란작전을 썼을 뿐만 아니라 거짓말도 했다. 왜냐하면 보고서를 끝내지 않았기 때문이다. 직원은 사장이 그것을 모를 것이라고 생각한다. 왜냐하면 저녁에 그것을 마무리해서 다음 날 아침에 사장에게 제출하려 하기 때문이다. 이렇게 행동해보지 않은 사람이 누가 있겠는가?

질문에 질문으로 대답하기

우리가 질문에 질문으로 대답할 때는 질문에 대답하고 싶지 않다는 것이다. 처음 만난 사람이 내 나이를 묻는다면 나는 "왜 그것을 알려고 합니까?"라고 대꾸할 수 있다. 우리가 질문으로 대답할 때는 더 이상 진행하거나 말려들기 싫다는 표시인 것이다.

직접적인 질문에 대답을 회피하는 것은 진실을 말했을 때 발생할 수도 있는 곤경이나 분쟁을 피할 수 있게 한다. 아마도 상대는 당신이 기대하는 것에 합치되지 않는 대답을 해서 당신을 기분 나쁘게 하고 싶지 않을 수도 있다. 예를 들어 누군가 당신에게 당신의 정치 성향이나 성적 취향을 묻는다면 당신은 위험을 감수하기 전에 틀림없이 상대의 취향을 먼저 알고 싶을 것이다. 이 경우 당신이 질문으로 대답하는 것이 이해될 수 있다. 은밀한 질문에 대답을 회피하는 것이 우리를 거짓말쟁이로 만드는 것은 아니다! 반면에 어떤 사람이 이런 식으로 대답하는 경향이 있다면 그 사람은 무언가 숨길 것이 있을 가능성이 크다. 질문의 형태로 대답하는 것을 대수롭지 않게 여겨서는 안 된다. 종종 그렇게 대답하는 상대에 대해 자문해보라.

한편 따지는 것 같은 질문도 이러한 의문 대답을 유발할 가능성이 있다. 개인적인 질문을 직접적으로 한다면 그것은 공격적이고 무례한 것으로 종종 비쳐진다. 심문받는 느낌을 좋아하는 사람은 아무도 없다. 이 경우 당신을 전염시킨 것은 바로 사려 깊지 않은 사람의 행동 방식이다. 전염에 관한 월터스의 규칙을 기억해보라.

정직성 주장

정직성에 관한 주제는 거짓말쟁이들의 말에 자주 등장한다. 그들은 사람들이 거짓말을 믿어주긴 바라기 때문이다. 말하면서 '사실은', '솔직히 말하면', '거짓말이 아니라' 등의 표현을 곳곳에서 쓰는 사람은 믿지 마라. 거짓말하지 않고 공개적으로 말할 때 그것이 진실이라고 강조할 필요가 있겠는가? 정직성을 주장하는 것에 대해 당신은 주의를 기울여야 한다. 로빈 윌리엄스 주연의 『거짓말쟁이 자콥』, 짐 캐리 주연의 『라이어 라이어』 등의 영화가 좋은 예를 보여준다.

『오델로』에서 세익스피어는 사칭 정직성에 대해서 주변사람들을 안심시키면서 그들을 속일 필요가 몇몇 거짓말쟁이들에게 있다는 것을 훌륭하게 이해했다. 오델로의 가짜 친구인 이아고는 수많은 거짓말을 통해 음모를 주도하고 불화의 씨를 뿌리는 일에 시간을 보낸다. 그런데 모두는 그의 완전한 정직성을 믿는다. 그는 친구처럼 행동하고 다른 사람들을 더 잘 배반하기 위해 자신을 믿게 만든다. 카시오에게는 "자신의 아주 진정한 애정"을 외친다. 로드리고를 배반한 뒤에 "나는 당신에게 충성심의 증거를 보였다고 맹세할 수 있다"라고 그는 감히 말한다. 그가 혐오하는 오델로에게는 "군주님, 저의 우정을 아시죠"라고 말한다. 오델로는 얼떨떨해한다. 거짓말쟁이 이아고는 그의 말 여기저기에서 허위 정직성을 강조한다. "정직한 사람의 믿음", "정직하게 증언하겠습니다." 그의 거짓말이 다른 사람에게 상처를 주고 그들이 저항을 하면 그는 자신의 정직성을 유감스러워하는 것처럼 꾸민다. 오델로의 머릿속에 그의 새 아내 데스데모네의 정절과 관련된 의심을 심어놓은 뒤 그는 말한다. "충성심 있고, 솔직하면 위험이 따릅니다." 완전히 돌아버린 오델로에게 배신자 이아고는 "바보 같은 정직성"을 덧붙인다. 데스데모네도 이아고를 신뢰하는데, 그녀는 남편의 의심이 그를 불안하게 하고, 그녀가 결백하다는 것을 알기 때문이었다. 이아고는 그녀를 안심시키면서 이렇게 말한다. "군주님을 혼란스럽게 만드는 것은 국가의 일들입니다." 데스데모네가 대꾸한다. "그것뿐이라면…" 이아고는 "그것뿐입니다. 저를 믿으세요"라고 안심시킨다. 그녀의 회의적인 태도에 그는 덧붙인다. "맹세컨대." 물론 오델로의 혼란의 근원이 바로 자신이라는 것을 아주 잘 알고 있다.

극의 서두에서 이아고 자신도 "내가 그렇게 보이지만, 보이는 모습이 내가 아니야"라고 독백하는 것처럼, 그는 자신의 정직성을 반복 주장한다. 비열하고 파괴적인 거짓말을 구체화하면서도 정직한 사람이란 명성을 만들어내고, 모든 사람들을 속이는 데 성공한다. 아무도 이아고가 속이고 있다는 가능성을 생각하지 않는다. 어쨌든 '정직한 이아고'라고 부르지 않던가. 그러나 이아고에게 바쳐진 신뢰로 여러 인물이 죽게 된다. 만약 작품을 읽고 싶지 않다면, 혹은 연극으로 그것을 볼 기회가 없다면 영화로 만들어진 「오델로」를 볼 것을 적극적으로 권유한다. 작품의 기제를 관찰해보는 것이 필요하다.

동작은 거짓말하지 않는다

우리는 단어로는 거짓말할 수 있지만 동작으로는 거짓말하지 않는다. 어떤 사람이 무언가를 주장할 때, 그가 말하는 것을 모두 믿지 마라. 그의 말보다는 그의 동작을 더 신뢰하라. "거짓말쟁이와 진정한 대화의 가능성은 환상이다. … 그의 말과 행동 사이의 모순을 탐지하는 법을 배워라."[51] 당신이 주의를 기울여야 하는 몇 가지 예가 있다.

부정직한 사람들은 당신의 눈에 정직하게 보이려고 모든 것을 한다. 그러나 그들은 다른 사람들에 대한 부정직성을 감추는 일에는 노력을 하지 않는다. 만약 한 사람이 다른 사람들에 대해 부정직하다면 당신에게도 마찬가지라는 것을 명심하라. 그 사람을 잘 살펴보아라! 잔돈을 많이 거슬러 줄 때 그냥 갖는가? 전화로 찾을 때 없다고 말하게 하는가? 세금을 허위로 신고하는가? 법정에서 위증하는가? 관계를 맺고 있는 사람이나 기관에 따라서 사람들의 정직성이 변하는 것은 사실이다. 그러나 정직성은 어떤 방식으로든 증명된다. 만약 한 사람이 다른 사람에 대해 험담을 늘어놓으면 그 사람이 아니라고 맹세하더라도 그 사람은 당신에 대해 소문을 퍼트리고 다닐 것이라고 확신하라.

가능성 있는 사원 한 사람이 당신에게 주장한다. "나는 조직적이고 효율적인 사람입니다." 그런데 그의 사무실은 온통 뒤죽박죽이다. 그가 서류를 쉽게 찾는지 물어보라. 시험을 해보라. 그가 모든 것을 찾아낸다면, 그의 무질서 안에는 질서가 있는 것이고, 외견과는 달리 효율적인 것이다. 아니라면 그는 거짓말한 것이다. 일반적으로 사무실이 흐트러져 있는 사람은 비효율적이고 비조직적이다.

당신의 새 애인이 당신을 좋아한다고 말한다. 정말일까? 또다시 그의 행동들이 웅변한다. 그에게 메시지를 남겼을 때 그가 당신에게 신속하게 전화를 다시 거는가? 그가 당신을 만나러 오는 수고를 아끼지 않는가 혹은 당신이 그를 만나러 가는가? 당신이 아플 때 도와주겠다고 하는가? 그것이 단지 당신에게 약이나 닭고기 수프가 있는지를 확인하는 정도일지라도….

시련을 겪을 때 누가 진정한 친구인지를 발견한다고들 말한다. 당신이 상을 당하거나, 아프거나, 사고를 당하거나, 해고를 당했을 때 당신 친구들은 어떻게 행동하는가? 많은 사람들이 이런 상황에서 불편해한다. 그들의 행동은, 아주 미세한 것이라도, 그들의 말보다 더 크게 당신에 대한 그들의 느낌을 표현해줄 것이다.
죽어가는 사람에게 무슨 말을 해야 할지 모르겠다면 아무 말도
하지 마라. 그러나 적어도 그에게 손은 내밀어라. 그것이 틀림없
이 그에게 필요한 위안일 것이다. 그 단순한 동작이 수천 단어의
가치가 있다.

결론

나는 안다. 진실을 말하기로 결심하고 나면,
별로 할 말이 없을 것이란 것을.
쥘 르나르(JULES RENARD)

거짓말에 대한 진실, 그것은 거짓말이 도처에 있다는 것이고, 종종 정직의 얼굴을 하고 있다는 것이다. 진실, 그것은 모두가 거짓말을 한다는 것이다. 몇몇은 다른 사람들보다 더 많이 한다. 우리는 그들을 '거짓말쟁이'라고 부른다. 진실, 그것은 우리 각자의 마음속에 거짓말쟁이가 웅크리고 있다는 것이다.

진실, 그것은 우리가 올바르면 버려질까 두려워 거짓말한다는 것이다. 우리는 우리 생각을 감히 밝히지 못한다. 우리의 진정한 모습이 만천하에 드러나면 다른 사람들이 우리를 좋아하지 않을 것이라고 믿는다. 우리는 우리의 진정한 모습을 세심하게 감추는 가면을 쓰고 다닌다. 우리를 가장하고, 다른 어떤 사람인 체하고, 거짓말을 하면서 때때로 우리가 누구인지조차 알지 못한다. 진실, 그것은 우리가 진실을 말해서 벌을 받았기 때문에 거짓말한다는 것이다. 진실, 그것은 다른 사람들이 우리에게 진실을 말할 때, 그들과 싸움을 하려 들기 때문에, 너무 자주 그들이 거짓말하도록 만든다는 것이다.

진실, 그것은 우리가 자신을 보호하기 위해 거짓말한다는 것이다. 우리는 우리와 다른 사람들의 이익을 보호하기 위해 거짓말한다. 우리는 우리의 값진 이미지를 보호하기 위해 거짓말한다. 우리는 다른 사람들의 감수성과 자아를 보호하기 위해 거짓말한다. 진실, 그것은 우리 자신을 돋보이게 하려고 거짓말한다는 것이다. 깊은 인상을 심어주고, 동정심을 유발하고, 유혹하고, 다른 사람을 깎아내리려고 거짓말한다.

진실, 그것은 몸은 거짓말하지 않는다는 것이다. 능숙한 거짓말쟁이들이 아무리 몸을 잘 통제하더라도. 우리 모두는 '거짓말 탐지기'를 안에 갖고 있다. 다른 사람들을 더 잘 관찰하기만 해도, 시간을 갖고 멈춰서 그들을 보고 듣기만 해도 충분하다. 진실, 그것은 솔직한 사람의 말은 그의 몸, 얼굴, 목소리와 조화를 이룬다는 것이다.

진실, 그것은 종종 거짓말이 진실보다 우리 일을 더 잘 처리한다는 것이다. 슬픈 진실, 그것은 대부분의 사람들이 현실보다는 그들의 환상을, 진실보다는 거짓말을 더 좋아한다는 것이다. 특히 우리가 우리 자신에게 거짓말할 때 그렇다.

〈부록〉

거짓말과 관련된 영화 목록[52]

1. *Á propos d'Adam*, 감독 Gérard Stembridge, 미국, 2000.
2. *Danser dans le noir* (*Dancer in the Dark*), 감독 Lars von Trier, 덴마크, 2000.
3. *Jakob le menteur* (*Jakob the Liar*), 감독 Frank Beyer, 독일, 1977.
4. *La vérité si je mens 1*, 감독 Thomas Gilou, 프랑스, 1997.
5. *La vérité si je mens 2*, 감독 Thomas Gilou, 프랑스, 2002.
6. *Le corbeau*, 감독 Henri-Georges Clouzot, 프랑스, 1943.
7. *Le décalogue, no 8 : Tu ne mentiras pas*, 감독 Krzysztof Kieslowski, 폴란드, 1989.
8. *Le mensonge en héritage* (*Legacy of Lies*), 감독 Bradford May, 미국, 1992.
9. *Mensonge*, 감독 François Margolin, 프랑스, 1992.
10. *Menteur, menteur* (*Liar, Liar*), 감독 Tom Shadyak, 미국 1997.
11. *Othello*, 감독 Oliver Parker, 미국 1995.
12. *Partir, revenir*, 감독 Claude Lelouch, 프랑스, 1985.
13. *Pinocchio*, 감독 Walt Disney, 미국, 1943.
14. *Vrai mensonge* (*True Lies*), 감독 James Cameron, 미국 1994.
15. *Méchant menteur* (*Big Fat Liar*), 감독 Shawn Levy, 미국 2002.
16. *Sexe, mensonges et vidéo* (*Sex, lies and videotapes*), 감독 Steven Soderbergh, 미국 1989.
17. *La vie est belle*, 감독 Roberto Benigni, 이탈리아, 1997
18. *Pinocchio*, 감독 Roberto Benigni, 이탈리아, 2002.
19. *L'adversaire*, 감독 Nicole Garcia, 프랑스, 2002.
20. *L'emploi du temps*, 감독 Laurent Cantet, 프랑스, 2002.

〈참고문헌〉[53]

소설

CARRÈRE, Emmanuel. *L'adversaire*, Paris, France Loisirs, 2000.

GERVAIS, Jean. *Les mensonges de Dominique*, Montréal, Boréal, 1991.

HAUPTMANN, Gary. *Mensonges au lit* (traduit de l'allemand), Munich, Paris, Calmann-Lévy, 1999.

NICKLÈS, Sara (dir.). *Lying, Cheating &Stealing : Great writers on getting what you want when you want it*, San Francisco, Chronicle Books, 1997.

SCOTTOLINE, Lisa. *La minute de vérité?* (traduit de l'anglais), Paris, France Loisirs, 2001.

수필

DIMITRIUS, Jo-Ellan et MAZZARELLA, Mark. *Reading People : How to Understand People and Predict their Behavior - Anytime, Anyplace*, New York, Ballantine Books, 1999.

GLASS, Lillian. *Je sais ce que tu penses*, Montréal, Les Éditions de l'Homme, 2003.

GERVAIS, Jean. "Le mensonge de l'enfant dans une perspective multidisciplinaire", *Revue Canadienne de psycho-éducation*, vol. 21, no. 1, p. 45-67.

GOFFMAN, Erving. *La mise en scène de la vie quotidienne 1 : la présentation de soi* (traduit de l'anglais), Paris, Les Éditions de Minuit, 1973.

MIQUEL, Pierre. *Les mensonges de l'histoire*, Paris, France Loisirs, 2002.

MORRIS, Desmond. *Man Watching : A Field Guide to Human Behavior*, New York, Harry N. Abrams, Inc., Publishers, 1977.

PEASE, Allan. *Interpréter les gestes, les mimiques, les attitudes pour comprendre les autres... et ne pas se trahir* (traduit de l' anglais), Paris, Nathan, coll. Marabout, 1988.

TURCHET, Philippe. *La synergologie : pour comprendre son interlocuteur à travers sa gestuelle*, Montréal, Les Éditions de l'Homme, 2000.

WALTERS, Stan B. *The Truth about Lying : How to Spot a Lie and Protect Yourself from Deception*, Naperville (Illinois), Sourcebooks, Inc., 2000.

저자 저서

CYR, Marie-France. *Arrête de bouder! Ces gens qui refusent de communiquer*, Montréal, Les Éditions de l'Homme, 2001.

⟨주⟩

제 1 장 방어적 거짓말

1) 거짓말 문제를 다룬 영화 목록은 책의 부록에 있다.

2) Robert, Véronique, "Système de santé : petit guide de santé", *Châtelaine*, janvier 2002, p. 44.

3) Bérard, Diane, "Cupidité Inc.", *Commerce*, août 2002, p. 32-36.

4) *Harmful to Minors : The Perils of Protecting Children from Sex*, Minneapolis, University of Minnesota Press, 2002.

5) Monbourquette, Jean, *Apprivoiser son ombre : le côté mal aimé de soi*, Montréal, Novalis, 2001, p. 14.

6) "Le diable ne ment pas toujours", *La Presse*, 8 mai 2002.

7) Foglia, Pierre, "Le doute", *La Presse*, 7 mai 2002.

8) Desmarais, Marie-José, "Père Noël es-tu là?", *Châtelaine*, décembre 2001, p. 36.

9) Vallerand, Nathalie, "Faut-il les laisser croire au père Noël?", *Coup de pouce*, décembre 2002, p. 17.

10) *If Only You Would Listen*, New York, St. Martin's Press, 1995.

11) Hite, Shere, "Faking Orgasm", *Lying, Cheating & Stealing : Great writers on getting what you want when you want it*, San Francisco, Chronicle Books, 1997, p.29-31.

12) *The Real Rules : How to Find the Right Man for the Real You*, New York, Dell Publishing, 1997.

13) *Radical Honesty : How to Transform Your Life by Telling the Truth*, New York, Dell Publishing, 1996.

14) *Les gens du mensonge*, Paris, J'ai Lu, 1990.

15) (역주) "정확한 시간을 알고 싶어하는 사람에게는 시간을 말해주어야 한다. 그리고 정확한 시간을 묻는 법을 알아야 한다." (Daniel Desbien)

16) 각각 : *Les mots sont des fenêtres (ou des murs). Introduction à la communication non violente*, Condé-sur-Noireau (France), Jouvence, 1999, 그리고 Cessez d'être gentil, soyez vrai!, Montréal, Les Éditions de l'Homme, 2001.

17) *The Dark Side of the Light Chasers*, New York, Riverhead Books, 1998.

제 2 장 **돋보이려는 거짓말**

18) "Entrevue : le mensonge", *Revue Notre-Dame*, novembre 1999.
19) "My mother' s memoirs, my father's lie, and other true stories", *Lying, Cheating & Stealing...*, *op. cit.*, p. 48-56.
20) Cosseron, Serge, *Les mensonges de Napoléon*, Paris, France Loisirs, 2002.
21) *Le syndrome de Pinocchio*, Montréal, Boréal, 1997.
22) Wolff, Tobias, "The liar", *Lying, Cheating & Stealing...*, *op. cit.*, p. 92-112.
23) Carrère, Emmanuel, *L'adversaire*, Paris, France Loisirs, 2000. 두 영화는 부록에 있는 목록의 마지막 두 개다.

제 3 장 **거짓말 탐지요령**

24) 이 테스트의 질문들은 릴리안 글라스(Lillian Glass)의 책 「나는 너의 생각을 알아」(*Je sais ce que tu penses*, Montréal, Les Éditions de l'Homme, 2003)에 있는 "나는 다른 이들을 읽을 수 있는가?"라는 테스트에서 가져온 것이다. 얼굴, 음성, 목소리 코드에 관한 것들도 마찬가지다.
25) (역주) 시네골로지(synergologie) : 몸짓 언어와 단어 언어 사이의 관계를 연구하면서 태도를 해독하고, 움직임을 해독하고, 말하지 않은 것을 밝혀내고 대화자의 몸에서 단어 읽기를 연장하게 하는 분야.
26) 다음의 책이 이런 경우에 해당된다. Milton Cameron, *Les gestes et les attitudes qui parlent*, Montréal, Les Éditions Quebecor, 2002 (미국판 번역본).
27) Turchet, Philippe, *La synergologie*, Montréal, Les Éditions de l'Homme, 2000, p. 42. 이것과 다음 인용문에서 굵은 글씨는 원본의 것이다.
28) *Les sept lois spirituelles du succès*, Paris, J'ai lu, 1995, p. 48.

제 4 장 **신체 코드 : 몸은 거짓말하지 않는다**

29) *Interpréter les gestes, les mimiques, les attitudes pour comprendre les*

autres… et ne pas se trahir, Paris, Nathan, Marabout, 1988, p. 8.

30) Bourdial, Isabelle, "Les nouveaux détecteurs de mensonge : ils savent lire dans nos pensées!", *Science & Vie*, no 1005, juin 2001, p. 65.

31) (역주) 심리적 진정 효과를 위해 환자에게 주는 전혀 약성이 없는 가짜 약.

32) Alder, Ken, "Les tours et détours du détecteur de mensonge", *La Recherche* (hors série), no 8, juillet 2002, p. 65.

33) 병리적인 의미로 우울증이 아니라 '일시적인 의기소침'의 의미로.

34) Turchet, Philippe, *op. cit.*, p. 59.

35) *ibid.*, p. 62.

36) *ibid.*, p. 162.

제 5 장 얼굴 코드 : 가면 벗은 얼굴

37) (역주) 'sentir'는 '(생리적, 정신적으로) 느끼다, 냄새 맡다' 등의 의미로 쓰이고, 'ressentir'는 '(감정을) 느끼다'라는 의미로 쓰이는 동사이다.

38) Turchet, Philippe, *op. cit.*, p. 164–165.

39) (역주) '설마!'를 의미하는 표현

40) (역주) '조심하다'를 의미하는 표현

41) Turcher, Philippe, *op. cit.*, p. 127.

42) Spears, Tom et Callhan, Rick, "Blush of Deception : Heat-sensitive camera sees red when you fib", *The Gazette*, 3 janvier 2002.

43) Cyr, Marie-France, "Parades et modèles de relations homme-femme dans les magazines féminins québécois de 1993", thèse de doctorat, département de Communication, Université du Québec à Montréal, 1999.

44) Turchet, Philippe, *op. cit.*, p. 177.

제 6 장 음성 코드 : 목소리는 단어보다 더 많이 말한다

45) "Les nouveaux détecteurs de mensonge", *op. cit.*, p. 65.

제7장 언어코드 : 행간 읽기

46) (역주) 혼동되고 망설이는 방식으로 하는 발음 (TLF p. 74).
47) (역주) 단어를 잘못 발음하고, 음절을 반복하면서 어렵게 하는 발음 (TLF p. 355).
48) 아주 소량이라도 뇌에 작용하는 것 같다. *La Presse*, 10 novembre 2002.
49) (역주) 고대 모리타리아 인, 북아프리카 출신으로 얼굴이 흑갈색인 사람.
50) *Les quatre accords toltèques : la voie de la liberté*, Condé-sur-Noireau (France), Jouvence, 1997, p. 71.
51) Nazare-Aga, Isabelle, *Les manipulateurs et l'amour*, Montréal, Les Éditions de l'Homme, 2000, p. 56.

부록 및 참고문헌

52) 몬트리올의 서적상이고 영화광인 다니엘 고뱅(Daniel Gauvin)이 거짓말을 다룬 영화 10편을 소개해준 것에 감사한다.
53) 참고문헌은 거론했지만 인용하지 않는 서적들 목록으로서, 〈주〉에 소개한 서적의 보충 목록이다.

역자 강형식

한남대학교 유럽어문학부 교수, 문학박사(프랑스언어학 전공)
역서 : 『지능의 테크놀로지』(철학과 현실사), 『지식의 나무』(철학과 현실사)

거짓말에 대한 진실

지은이	마리-프랑스 시르
옮긴이	강형식
1판 1쇄 발행	2006년 1월 25일
1판 1쇄 인쇄	2006년 1월 30일
발행처	철학과현실사
발행인	전춘호
등록번호	제1-583호
등록일자	1987년 12월 15일

서울특별시 서초구 양재동 338-10호
전화번호 579-5908
팩시밀리 572-2830

ISBN 89-7775-567-0 03300
값 9,000원